AF494782

LIEUTENANT-COLONEL HENRI DE MALLERAY
LAURÉAT DE L'INSTITUT
TUÉ A L'ENNEMI (VERDUN 1916)

Les Cinq Vendées

Précis des opérations militaires sur l'échiquier vendéen
de 1793 à 1832
d'après des documents inédits extraits des Archives de la Guerre
avec :

1° Un tableau chronologique et cartographique
2° Deux cartes

ANGERS
J. SIRAUDEAU
6, place de la Visitation, 6

PARIS
PLON-NOURRIT
8, rue Garancière, 8

1924

ITINÉRAIRE DE L'OUTRE-LOIRE

Itinéraire suivi par les Vendéens à l'aller.

Itinéraire suivi au retour.

MANCHE

Granville

Avranches

Mt St Michel

Pontaubault

Baguer Pican

Pontorson

Dol

Antrain

Fougères

Mayenne

Alençon

Rennes

Laval

la Croix-Bataille

Entrammes

Le Mans

Arnage

Châteaubriant

Craon

Sablé

Pouancé

Ch. Gonthier

La Flèche

Durtal

Candé

Blain

Nort

Beaugé

Varades

Angers

Savenay

Ancenis

LA LOIRE

LA LOIRE

Les Cinq Vendées

LIEUTENANT-COLONEL HENRI DE MALLERAY

LAURÉAT DE L'INSTITUT

TUÉ A L'ENNEMI (VERDUN 1916)

Les Cinq Vendées

Précis des opérations militaires sur l'échiquier vendéen de 1793 à 1832 d'après des documents inédits extraits des Archives de la Guerre avec :

1° Un tableau chronologique et cartographique

2° Deux cartes

ANGERS
J. SIRAUDEAU
6, place de la Visitation, 6

PARIS
PLON-NOURRIT
8, rue Garancière, 8

1924

AVANT-PROPOS

Ce précis est le fruit de plusieurs années de recherches et de lectures à travers une des bibliographies les plus copieuses et les plus passionnées qui soient, qu'inspire trop souvent l'antique Furie, toujours vivante, des discordes intestines et des « haines fratricides », où se révèle, presque à chaque page, la justesse de ce mot du penseur : « Il y a plus à faire à interpréter les interprétations qu'à interpréter les choses » (1).

Il s'adresse à ceux qui, désireux d'acquérir quelques données générales et rapides sur le drame vendéen, sont vite découragés par l'embrouillé et le confus de sa trame.

Cholet, juillet 1914.

COMMANDANT DE MALLERAY.

(1) Montaigne, liv. I, chap. XII.

LES CINQ VENDÉES

Précis militaire

Première et Deuxième Parties

Première Vendée :

La Grande Guerre. — 12 mars 1793-18 octobre 1793.
L'Outre-Loire. — 18 octobre 1793-23 décembre 1793.

Troisième Partie

Deuxième Vendée. — Décembre 1793-mars 1796.

Quatrième Partie

Troisième Vendée. — Juin 1799-janvier 1800.

Cinquième Partie

Quatrième Vendée. — Mars 1815-juin 1815.

Sixième Partie

Cinquième Vendée. — Mai 1832-juin 1832.

Septième Partie

Index chronologique. — Références bibliographiques et cartographiques.

PREMIÈRE PARTIE

PREMIÈRE VENDÉE

I. La Grande Guerre

(12 mars 1793 - 18 octobre 1793)

II. L'Outre-Loire

(18 octobre 1793 - 23 décembre 1793)

LA GRANDE GUERRE

DEPUIS LA RÉVOLTE DE SAINT-FLORENT
(12 mars 1793)

JUSQU'A LA BATAILLE DE CHOLET
(17 octobre 1793)

CHAPITRE I

ARMÉE DES COTES ;)

Quartier général : RENNES.
LABOURDONNAYE, général en chef
(31 janvier 1793-27 mars 1793).

Préliminaires de la révolte générale.

Le cruel conflit d'opinions qui ensanglanta l'Ouest vendéen à la fin du XVIIIe siècle, a tous les caractères d'une guerre de religion : l'enthousiasme subit, l'emportement acharné, le pathétique, l'esprit de haine violente.

Suivant les règles, on passe vite aux extrémités les plus furieuses. La cruauté, la férocité même, finissent par souiller abominablement les deux camps ; ils s'entr'égorgent sans pitié. En dépit de ce que l'on a pu dire, la révolte ne surprit pas les autorités militaires. Le général de Verteuil de Malleret, chef de la 13e Division (Q. G. à La Rochelle) laquelle englobait le Maine-et-Loire, les Deux-Sèvres, la Loire-Inférieure et la Vendée, signalait depuis longtemps une extrême fermentation dans l'ancien Poitou et surtout dans la Vendée maritime. Il posait comme évident que, si le mouvement se généralisait, les forces actives disséminées dans de trop nombreuses garnisons seraient vite réduites à l'impuissance. Mais le ministre, débordé par tant de besoins à satisfaire, accablé de tant de soucis autrement vitaux à ses yeux, faisait la sourde oreille.

L'imminence de la guerre européenne, l'affaiblissement progressif et incessant de l'armée de ligne vidée par l'émigration et un arrêt presque complet dans le recrutement, vouaient le pouvoir à d'autres soins qu'à celui d'assurer la sûreté d'un petit coin de territoire dont personne ne soupçonnait la vigueur latente.

Vieux militaire clairvoyant, quoique d'une décision affaiblie, le général de Verteuil se tourna du côté des municipalités et des autorités départementales, qu'il engagea vivement à imiter l'exemple parti de Paris en organisant des Gardes nationales. Fontenay, la première, mit sur pied un corps civique d'infanterie et de cavalerie commandé par le chevalier Baudry d'Asson. Les petites villes de la Vendée maritime : Challans, Saint-Gilles, Les Sables suivirent le mouvement, et bientôt, les gardes bleus commencèrent de montrer, en des courses incessantes, l'habit dont la nuance allait, aux yeux des ruraux, devenir l'emblème de l'attachement aux idées nouvelles.

Émeutes de la Croix de la Viollière et d'Avrillé.

Le 24 août 1790, la Constitution civile du clergé vint susciter, dans tout le pays vendéen, c'est-à-dire dans le Poitou et une partie de l'Anjou méridional, un mouvement populaire du caractère le plus grave (1). Le 19 septembre, une émeute éclatait à La Croix-de-la-Viollière, près de Saint-Etienne-du-Bois, au cours d'une fête rurale qui réunissait les paysans de Beaufou, des Lucs, du Poiré. Le 25 février 1791, les violences furent grandes dans Avrillé, auprès des Sables, point très important où le général de Verteuil plaça deux compagnies du 84e qui portèrent la garnison à un bataillon.

Émeute de St-Christophe-du-Ligneron.

Le 1er mars, à Saint-Christophe-du-Ligneron, la municipalité et les gardes nationaux hués, bousculés, étaient littéralement assiégés en même temps que les gendarmes de Challans et de Palluau venus à leur secours. Le sang coula.

De Nantes, sous le commandement de François Mellinet, un fort contingent de gardes nationaux vient s'établir à Challans, procède à de nombreuses arrestations et ne rompt le camp que le 17. Tout en restant sourd aux demandes de troupes supplé-

(1) Ch. G. 1/245.

SITUATION I

Gardes nationales vendéennes en 1793

		Bataillons	Compagnies	Effectif des Compagnies	Nombre d'hommes armés	
					Dans les villes et cantons	Auxiliaires
Maine-et-Loire	Angers	10	160	54	8.640	320
	Saumur	2	32	54	1.780	70
	Autres villes	15	240	54	11.960	480
	Dans les cantons	33	330	50	16.500	330
Vendée	Fontenay	2	32	54	1.700	70
	Les Sables	1	16	54	890	40
	Autres villes	16	256	54	13.820	510
	Dans les cantons	38	380	50	19.000	580
Deux-Sèvres	Niort	3	48	54	2.590	90
	Parthenay	1	16	54	890	40
	Autres villes	15	240	54	11.960	480
	Dans les cantons	42	420	50	21.000	420
Loire-Inférieure	Nantes	20	320	54	17.280	640
	Ancenis	1	16	54	890	40
	Autres villes	15	240	54	11.960	380
	Dans les cantons	36	360	50	18.000	500

D'après l'« Etat des Gardes Nationales et des troupes auxiliaires de France en 1793 ». Conservé aux Archives de la Guerre.

mentaires, le ministre se décide enfin à envoyer dans la 13e Division un général adjoint de valeur, Dumouriez.

Mise en œuvre des ressources locales.

Agé de 51 ans, très actif, le nouvel officier général procède, dès son arrivée, avec le concours des députés Gallois et Gensonné, à la mise en œuvre des ressources locales. Pas un corps d'infanterie, stationné dans la circonscription, ne pouvait rassembler 500 hommes ; le régiment des dragons de Conti a dispersé ses maîtres entre Nantes, Machecoul, Savenay, Blain, Guérande ; à lui seul le 84e doit tenir Les Sables, Clisson, Châtillon-sur-Sèvre et plusieurs autres centres moins importants ; le 60e se partage entre La Rochelle et La Roche-sur-Yon.

Or le bas-Poitou devient fort inquiétant. Un ancien capitaine, Gabriel Baudry d'Asson, y remue les environs de Bressuire ; aux confins des Sables le chirurgien Joly fait de même. Au cœur du Bocage l'attitude de Saint-Laurent-sur-Sèvre, centre religieux du pays, est nettement hostile.

Pour dissiper les premiers rassemblements populaires rien ne vaut la cavalerie. Arrêtant donc au passage et de sa propre autorité le Royal-Roussillon qui traverse la Vendée par étapes, Dumouriez installe en personne des chevaux à Bressuire, à Cholet, à Saint-Laurent. Il réclame une prompte réorganisation de la gendarmerie et adresse une nouvelle demande d'effectifs au ministre. Mais la guerre étrangère va éclater. De quel poids la Vendée, même menaçante, pourrait-elle peser dans les destinées du pays, au regard des dangers que va lui faire courir l'Europe en armes ? La 13e Division devra non seulement se suffire à elle-même, mais encore perdre le 84e et le 51e.

Restent les volontaires dont les décrets de juin 1791 ont ordonné une première levée, et vers lesquels la jeunesse se précipite en général, car elle y trouve, sous des chefs élus, une discipline plus douce, une solde plus élevée, des perspectives d'avancement plus brillantes que dans l'armée proprement dite.

L'Etat-major et les municipalités vendéennes pressent donc leur constitution. Au premier appel lancé par le département du Maine-et-Loire, 1.000 inscrits sur 2.000 se présentent à Angers, le 13 septembre 1791 (1), pour alimenter un effectif de 574 hommes.

(1) *Un bataillon de volontaires*, par X. de Petigny, Angers, 1908, p.41.

SITUATION II

Effectif général des gardes nationales

	Bataillons	Compagnies	Effectif
	—	—	—
Vendée	57	684	37.690 hommes
Maine-et-Loire . . .	60	762	40.080 —
Deux-Sèvres	61	724	36.470 —
Loire-Inférieure . . .	72	936	49.650 —
Charente-Inférieure. .	67	832	46.860 —
Totaux . .	317	3.938	210.750 hommes

Uniforme : Habit bleu foncé, doublure blanche, parements et revers écarlates, collet blanc, retroussis écarlates, sur l'un écrit Constitution et sur l'autre Liberté.

A Fontenay, le Bataillon de la Vendée aligne plus lentement 493 présents. Bientôt celui de la Loire-Inférieure peut tenir garnison dans la Vendée maritime. A la Châtaigneraie, Pierre Quétineau, ancien soldat du Régiment de Champagne, vient cantonner la Compagnie de grenadiers des Deux-Sèvres dont on l'a élu capitaine.

Puis les gardes citoyennes s'organisent tant bien que mal. Il n'y a plus d'armes dans les districts et les cantons. Pour en munir les volontaires, il a fallu en ramasser de tous côtés, jusque chez les brocanteurs. Force est de recourir aux fusils de chasse et de revenir jusqu'aux temps de Darius en se forgeant des piques de 6 à 10 pieds. Enfin le 20 avril 1792 la guerre éclate avec l'Autriche ; Dumouriez, nommé lieutenant général, part pour l'armée du Nord, laissant la 12e Division au général de Marcé.

La Vendée vide de troupes de ligne.

La situation générale en Vendée empirait de jour en jour : un attroupement considérable se formait dans les Deux-Sèvres, les rumeurs croissaient dans les campagnes, alors qu'un nouveau travail d'organisation s'imposait puisqu'il fallait prévoir encore le départ des unités équipées avec tant de peine ! Sans se décourager, le département de la Vendée tente d'encadrer un 2e bataillon de volontaires ; sur l'initiative des Sables et en dépit de la loi, les municipalités forment une permanence soldée de la Garde nationale. Puis les brigades de gendarmerie s'augmentent. Fontenay renforce son bataillon de gardes nationaux d'un corps de canonniers, achète deux pièces de 4 à Indret, met en selle 60 cavaliers. Et quand, le 22 août 1792, le rassemblement de Gabriel Baudry d'Asson entre dans Châtillon, puis attaque à trois reprises Bressuire les 24, 25 et 26, une mobilisation des troupes civiques de Cholet, de Niort, de Saint-Maixent, de Parthenay peut le disperser, non sans perte toutefois.

Tentative de Baudry d'Asson sur Bressuire (24 août 1792).

Cependant les frontières aspiraient irrésistiblement toutes les forces même ébauchées, tout le matériel même le plus médiocre. Le 19e dragons d'Angers absorbe bientôt et emmène l'escadron formé par Fontenay ; les quatre cinquièmes des gendarmes nouvellement levés prennent la direction de l'Est. Tous les approvisionnements suivent le même chemin.

En dépit des efforts des autorités militaires et des dépenses considérables engagées par les municipalités, la 3e Division va finalement affronter l'insurrection avec un seul bataillon de chacune des unités suivantes : 4e, 60e, 84e, 32e, 116e d'infanterie et un bataillon de volontaires, soit en tout l'effectif d'un régiment et demi. Elle faisait partie, d'ailleurs, depuis le 31 janvier 1793, avec la 12e Division (Nantes) et la 22e (Tours), de l'armée des Côtes mise sous les ordres du général de La Bourdonnaye.

Formation de l'armée des Côtes.

Levée de 300.000 hommes.

Le 24 février 1793, le décret réquisitionnant 300.000 citoyens français fixait le contingent du pays vendéen à 4.197 hommes. Le mot d'ordre, « Pas de tirement », se répand aussitôt dans les campagnes. Averties, les autorités prennent leurs dispositions. La cavalerie disponible assurera les opérations du tirage à la place de la gendarmerie absente, et les Gardes nationales sont mises en mouvement. Nantes expédie à Machecoul 2 canons et 4 à 500 gardes, 200 à Couëron, 250 à Mauves, un bataillon entier à Saint-Philbert de Grandlieu en liaison avec Clisson où cantonnent 100 « habits bleus ». Les Sables envoient 150 hommes et 2 canons vers Palluau ; la frégate *Capricorne* débarque ses marins disponibles avec 2 canons et 2 pierriers ; Pornic reçoit 550 gardes et 6 gendarmes à cheval ; Cholet, où, les 3 et 4 mars, des jeunes gens ont blessé grièvement les officiers de la Garde nationale, sera tenu par une centaine de dragons de la Fare et ses 300 gardes nationaux. Dans Vihiers, 2.000 gardes, et dans Chalonnes 3.000 seront prêts à marcher sur le Bocage où les esprits sont très montés. Tout fait espérer qu'un pareil déploiement de forces en imposera et que les attroupements seront dispersés avant que d'avoir fait boule de neige.

L'insurrection éclate.

Vain espoir ! Coup sur coup, du 12 au 20 mars, les nouvelles les plus alarmantes se succédèrent. La situation se révéla très grave. Le jour du tirage, les jeunes gens de Saint-Florent se sont soulevés ; puis, sous la conduite d'un voiturier des Mauges nommé Cathelineau, ont emporté Jallais et Chemillé (14 mars). Rejoints à Saint-Georges du Puy de la Garde par la bande du chirurgien Cady et par celle d'un garde-chasse de Maulévrier, Stofflet, ils ont pris Cholet après le combat des Pagannes où le procureur-syndic du district, le marquis de Beauveau, a trouvé la mort (14 mars). Leur jonction avec un fort parti d'Angevins

Soulèvement de Saint-Florent (12 mars 1793).

Combat des Pagannes et prise de Cholet (14 mars 1793).

qui ont acclamé un ancien officier de cavalerie, d'Elbée (1), et avec les riverains de la Loire rangés sous les ordres d'un capitaine d'infanterie en congé, le marquis de Bonchamps (2), a constitué une véritable armée de 20 à 30.000 hommes; C'est une révolte organisée. Au centre, dans le pays vendéen proprement dit, des rassemblements tumultueux groupés autour d'un vieux colonel en retraite, le comte de Royrand, ont battu la Garde nationale de Fontenay, enlevé Mortagne, le 13, occupé Saint-Fulgent. Dans la Vendée maritime, une quantité de petits chefs se sont levés : La Cathelinière (3), qui le 11 a pris Machecoul, où des bleus ont été massacrés en grand nombre ; le chirurgien Joly (4), qui guette les Sables ; Charette (5) ; Guerry (6), un ancien officier garde-côtes qui a pris Bourgneuf ; Lyrot (7), Savin, Prudhomme (8), les frères La Robrie (9).

Trois groupes insurrectionnels redoutables se sont révélés en un mot : en Anjou, vers Cholet ; au centre vers Chantonnay-Saint-Fulgent ; sur le littoral. Nantes, La Rochelle possèdent seules une garnison permanente, et aussi le château des Sables, clef du littoral, où commande un officier de grand mérite, Morille de Boulard, lieutenant-colonel du 60e.

Recours aux Gardes nationaux.

Pour garnir la Loire et couper les communications entre l'Anjou et la Bretagne, soulevée elle aussi, pour dessiner tout au pourtour du territoire en révolte un long cordon de circonvallation destiné à l'isoler du reste du pays, il fallut donc recourir aux Gardes nationaux.

Mais à ces gens, soudain transformés en soldats, il manquait

(1) Maurice Joseph Louis d'Elbée, ancien lieutenant au régiment de Dauphin cavalerie.

(2) Artus de Bonchamps, ancien capitaine au régiment d'Aquitaine.

(3) Louis Ripault de la Cathelinière, né en Retz 1768, guillotiné à Nantes en mai 1793.

(4) Jacques Joly, né au Cateau-Cambrésis, massacré par les chasseurs de Stofflet (1794).

(5) François Athanase Charette de la Contrie, né près de Nantes en 1763.

(6) Guerry de la Fortinière, officier garde-côtes.

(7) Lyrot de la Patouillère, ancien officier, né en 1732, mort à Savenay, 23 décembre 1793.

(8) Prudhomme, maître d'école au Loroux.

(9) Les Hervouët de la Robrie choisis pour lieutenants par Charette, étaient au nombre de trois, Prudent tué en 1795, Hyacinthe qui prit part aux soulèvements de 1815 et 1832, Joseph qui se noya en 1793, dans les vases de Noirmoutier.

le facteur indispensable de l'élan guerrier : la force physique souvent, la force morale toujours. Car tous les urbains virils et résolus garnissaient la frontière. Seuls les timides étaient restés ; les faibles, les tièdes, les gens mariés que suivront partout le souvenir du foyer abandonné ou du comptoir laissé sans direction, tous gens propres, et encore ! aux opérations de petite envergure, à la recherche des prêtres insermentés ou à la chasse des dépôts d'armes.

Ces troupes si peu solides, si peu munies, sans instruction militaire, sans entraînement, sans feu, répondirent, souvent de très mauvaise grâce, aux convocations des chefs militaires. Les représentants en mission se multiplièrent pour les y contraindre. Très nombreux, très actifs, ils prodiguèrent encouragements et admonestations, efforts et harangues, faisant allouer à chaque garde 1 fr. 50 de solde journalière. Finalement Bressuire, Angers, Saumur, Niort s'emplirent d'habits bleus. La confiance commença de renaître.

La première expédition. — Le Pont-Charron.

Les rassemblements du comte de Royrand, au carrefour de l'Oie, point d'intersection des deux uniques chaussées traversant le pays, interceptaient les communications entre Nantes et Niort. Le général de Marcé fut chargé de les disperser. Une cinquantaine d'hommes du 60e (colonel de Boulard), quelques sabres, 9 canons, 2.400 gardes nationaux s'emparèrent, le 17 mars, de Chantonnay tombée la veille entre les mains de Royrand.

Poussant de l'avant, le général de Marcé s'était porté au delà du pont détruit de Gravereau sur le petit Lay ; il en réparait un second également rompu, celui du moulin de la Rivière, quand, vers 4 heures, les crêtes opposées se garnissent de gens armés. Boulard les canonne. Mais le représentant Niou (1) accourt. « Ce sont les nôtres qui viennent de Nantes (2)... Cessez le feu ! » On lui représente qu'il se trompe, il persiste. Un temps précieux se perd qui, employé à une offensive vigoureuse, eût permis de sortir d'une situation très dangereuse, entre les deux ponts rompus, dans une sorte de saillant de la rivière propice à

(1) Maire de Rochefort, chargé avec Trullard et Mazade de l'inspection de la défense des côtes de l'Océan. G. 2/95.

(2) Le général de Verteuil avait donné l'ordre à un bataillon de la Garde Nationale de Nantes de marcher à la rencontre de la colonne Marcé. P. 2/56. P. 2/56.

une manœuvre enveloppante, que favorisait encore un terrain coupé, vallonné, très fourré.

Déroute du Pont-Charron (19 mars 1793).

Vers 5 heures, une reconnaissance d'officier est ramenée aux cris de « Vive le roi ! » « Vivent les prêtres ! » Plus de doute possible. Mais l'heure est tardive. Marcé se résout à bivouaquer sur place. Comme il s'y prépare, en couvrant fortement ses ailes, les insurgés se montrent sur ses flancs. Vers la gauche un bataillon national, tout de paysans, prend peur, se débande, s'enfuit aux cris de : « Sauve qui peut ! » Sourde à la voix de chefs élus et sans influence, la formation entière l'imite. La déroute s'arrête à peine, trois lieues plus loin, vers le Pont-Charron, et se continue même jusqu'à Sainte-Hermine.

Les représentants prennent la direction.

De conséquences matérielles minimes, cette affaire eut une répercussion morale extraordinaire. Dès la première rencontre des rebelles mal armés avaient enfoncé un corps régulier, commandé par un lieutenant général, pourvu de cavalerie et de canons. Les Vendéens en éprouvèrent une exaltation et les républicains une dépression hors de mesure.

Chose plus grave ! les députés, déjà portés, comme représentants du pouvoir souverain, à prendre la direction des affaires, reçurent un vif encouragement à s'interposer. Surexcités, du fait même de leur situation et des circonstances générales si tragiques traversées par le pays, ils mesurèrent peu équitablement la part imputable à chacun dans la défaite commune. Sans mandat spécial, et dans le but de remédier à l'incapacité des uns ou à l'indifférence des autres, ils se constituèrent en comités permanents : Mazade, Trullard et Niou à La Rochelle, Richard et Choudieu à Angers, Goupilleau (de Fontenay) et Tallien à Tours, Carra et Auguis à Niort. Chacun se mit à l'œuvre ; ici, réquérant le général Leygonier de passage à Tours ; là, frappant d'une révocation, avant-coureur de la guillotine, le vaincu de Pont-Charron qu'ils remplacent par Boulard ; ou bien gourmandant de sa lenteur à l'expédition des secours le Comité de Salut public lui-même ; partout activant les levées, discutant les plans de campagne, imposant leurs vues.

Chez tous un patriotisme réel, l'ardent désir de maintenir la tranquillité et l'unité publiques ; chez certains, un désintéressement complet et de la bravoure ne pouvaient cependant tenir lieu de connaissances militaires. « Une armée à deux têtes est un monstre », a dit Desaix. Celle de Vendée, après le Pont-Charron, produit l'effet d'un polycéphale hors nature et impuissant ; dès que Ronsin et d'autres créatures de l'hébertisme auront paru, elle éveillera l'idée d'une façon d'hydre.

Cependant des rassemblements hâtifs, sans consistance, sans armes, s'organisent à Saint-Lambert devant Angers, à Doué-la-Fontaine devant Saumur, à Thouars, aux Sables. Les Vendéens les bousculent facilement, à Coron (16 mars) où ils prennent la fameuse Marie-Jeanne, leur futur palladium (1), à Vihiers (17 mars), à Chalonnes (22 mars) où 3.000 gardes nationaux se retirent devant la Grande Armée catholique romaine d'Anjou réunissant sous le commandement de d'Elbée 20 à 30.000 hommes, 20 canons et 200 cavaliers.

Combats de Vihiers, 17 mars, de Chalonnes, 22 mars 1793.

Si les bandes du Marais conduites par Joly échouent devant les Sables (24 et 29 mars) vigoureusement défendus par Boulard, Pornic prise une première fois, le 23, par La Cathelinière, puis recouvrée, succombe le 27 devant Charette. Guerry s'empare de Noirmoutier. Dès la fin du mois, la révolte occupe en maîtresse tout le territoire que l'on est convenu d'appeler la Vendée militaire.

Journées des Sables (29 mars 1793) Pornic, 23 et 27 mars 1793.

La Vendée militaire. — Le Bocage. — Le Marais.

Quadrilatère presque parfait, englobant le département de la Vendée tout entier, une partie du Maine-et-Loire, de la Loire-Inférieure et des Deux-Sèvres (2), la Vendée militaire s'inscrit dans un second polygone limitant le théâtre des opérations, et dont les quatres côtés vont de Nantes à Saumur — de Saumur à Saint-Maixent le long du Thouet — de Saint-Maixent à La Rochelle par la Sèvre Niortaise — de La Rochelle à Nantes en suivant le littoral. Elle se subdivise en deux régions naturelles, le Bocage et le Marais.

Le Bocage, dont les Mauges et le pays de Retz, se groupe autour de Cholet. Système très compliqué de croupes et de hauteurs peu élevées, il se creuse en tous sens de vallons pro-

(1) La Marie-Jeanne enlevée le 16 mars 1793 était une belle pièce de bronze, ornée de sculpture, offerte jadis par Louis XIII à Richelieu ; elle se trouverait aujourd'hui aux Invalides et porterait sur la volée : Armand, cardinal de Richelieu.

(2) C'est à dire une partie de l'Anjou, du Poitou et du Loroux ou pays de la Loire.

fonds, méritant parfois le nom de ravins, et se revêt, à la surface, d'un indéchiffrable damier de champs clos. Rejets de terre de plusieurs pieds, haies vives épineuses et drues y dessinent un véritable labyrinthe de retranchements parallèles ou perpendiculaires à la direction des routes. Aux forêts peu étendues mais nombreuses, s'ajoutent les boqueteaux, les fourrés d'ajoncs, les jachères de genêts arborescents hauts comme un homme. Pendant toute la durée d'une marche, une forte troupe peut se mouvoir invisible sur vos flancs. A chaque pas vous pouvez redouter quelque embuscade.

Le Marais (1), au contraire, se déroule monotone et plat, mais strié d'une multitude de fossés et de canaux. Chaque métairie ou bourrine s'y abrite d'un fouillis d'arbres. Sur l'eau qui luit partout, le Maraichin pousse sa yole d'un unique coup de rame, de même que, d'un seul élan de sa longue perche — sa ningle — il franchit la tranchée ou la brousse qui vont le dérober à votre atteinte.

Les routes qui sillonnent ce territoire d'un caractère si particulier où vivent 750 paroisses et 500.000 habitants (2) sont rudimentaires. Trois uniques chaussées royales mènent de Saumur aux Sables, (encore celle-ci n'est-elle achevée qu'entre Saumur et Cholet), de Nantes à La Rochelle, de Nantes aux Sables. Les deux premières se coupent en diagonales aux Quatre-Chemins de l'Oie.

Le reste, six grands chemins et une multitude de sentiers, constitue le plus affreux dédale de voies charretières et le plus incompréhensible, car la meilleure carte, sous peine de se rendre illisible, doit négliger les chemins de terre innombrables et toutes ces entrées de champ, à l'apparence trompeuse, qui meurent, cent pas plus loin, en cul de sac. Et quel entretien ! un tombereau de pierre basculé de temps à autre, une jonchée de fagots jetée çà et là. Bossués, ravinés par le cheminement séculaire des bêtes et des gens, les sauts de loup vendéens descendent parfois jusqu'à plusieurs pieds du sol. Comme on n'y

(1) Soubise défendit La Rochelle contre Louis XIII. Après la capitulation de cette ville, Soubise reçut du roi la liberté sous condition de ne plus prendre les armes contre lui. Mais en 1622, lorsque Louis XIII fut parti Soubise recommença la guerre, se servant du Marais comme place d'armes, et attaquant en même temps de Saint-Gilles. D. 1/28. Il s'agit du marais de Challans, le marais de Luçon au sud de la Vendée militaire ne prit aucune part au soulèvement. D 1/25.

(2) D 1/28.

rebrousse chemin qu'en des carrefours qu'il faut connaître, une colonne embarrassée de matériel risque fort, en cas de surprise, de se trouver, au premier retour en arrière, dans la situation la plus grave. Pour le moins y laissera-t-elle son artillerie.

Dans ce labyrinthe obscur et profond où, disait Kléber, « on ne peut marcher qu'à tâtons », tout charroi devient impossible de novembre au mois d'avril (1) ; l'été un bon attelage y couvre au plus 20 kilomètres dans sa journée. A ces ornières noyées de boue l'hiver, dures et inégales l'été, le piéton préfère la voyette ou sente parallèle ouverte à travers champs et barrée d'un échalier de pieux à chaque talus. Malgré le surcroît de fatigue que cet enjambement continuel lui impose, le fantassin, s'il n'est pas maintenu par une vigoureuse discipline, fait de même. Et bientôt votre compagnie s'égrène sur 2 à 300 mètres de long. Survienne l'ennemi sur un flanc, vous êtes perdu.

L'HABITANT est plutôt grand, bien planté, un peu mou ; pacifique si l'on ne heurte ni ses préjugés très tenaces ni ses croyances, solides mais à l'occasion mêlées d'intransigeance, ni ses intérêts auxquels il est spécialement attentif (1). Très docile à la direction des chefs acceptés, il se refuse néanmoins à une dépendance trop exacte. De pente vantarde, affirment ses voisins, il aime conter ses exploits imaginaires ou réels : c'est un braconnier impénitent.

Très attaché au sol, vivant isolé, sans rapports pour ainsi dire avec les pays limitrophes dont il se passe aisément, il est plein d'aversion pour le service militaire, bien que de fort bonne pâte de soldat par sa frugalité, son esprit de soumission quand il est énergiquement encadré, son goût pour le tir, l'humeur belliqueuse dont il s'enflamme à l'occasion.

Car il est susceptible d'enthousiasme. Ayez l'art de faire naître ce sentiment dans les cœurs, qu'une passion commune envahisse soudain toutes les classes sociales, que cette passion les porte au combat, voici qu'affluent les soldats de valeur. Or, en ces temps qui nous occupent, en ces heures de crise ardente, si la ville a jeté tous ses cœurs vibrants vers les frontières, la ville, c'est-à-dire le camp bleu, la campagne, elle, a conservé tous les siens. En dépit des apparences visibles, l'équilibre va donc pencher très vite en sa faveur (2).

(1) D 2 2/715 D 2 2/45.

(2) Sur 750 paroisses environ incluses dans la Vendée militaire, 480 prirent part au soulèvement ; elles comptaient 500.000 âmes dont 120.000 en état de porter les armes. D 2 1/29.

Les chefs, issus du sol même, en connaissent bien les détours et les êtres. Anciens militaires, pour la plupart, doués de connaissances professionnelles sérieuses, ce sont des résolus restés dans leur château malgré la tourmente.

Dans la force de l'âge, ils sont encore pourvus de hautes qualités morales, car, chose rare dans les guerres civiles, aucun ne cherchera plus tard, par une fuite opportune, à esquiver les conséquences de son geste. Un à un, on les verra tomber l'épée à la main, ou se placer debout devant le peloton d'exécution.

Le paysan, en somme, a su choisir les plus vifs, les plus appliqués, les plus belliqueux, les plus susceptibles d'héroïsme. Le manque de sujets, les circonstances hérissées de difficultés, la politique, vont acculer, au contraire, le pouvoir à se décharger sur la Vendée d'éléments d'occasion, d'effectifs impossibles à utiliser ailleurs, sans valeur militaire, impurs parfois.

« La guerre, a dit un militaire fameux, est un conflit de forces morales ». Rien ne le démontre comme l'étude du soulèvement vendéen. Des insurgés sans canon au début, sans cavalerie, sans matériel, sans munitions, armés en partie de faulx, de faucillons et de coutres emmanchés, opérant sur un théâtre restreint que l'on parcourt en quatre étapes, vont accumuler triomphes sur triomphes, non pas en de simples escarmouches comme les Espagnols de 1809, ou les Corses de 1768, mais en batailles rangées.

CHAPITRE II

ARMÉE DES COTES:	ARMÉE DE RÉSERVE:
CANCLAUX, général en chef.	BERRUYER, général en chef.
Quartier général : NANTES.	Quartier général : ANGERS.

Arrivée du général Berruyer.

D'urgence, au su de la déroute du Pont-Charron, le Comité de Salut Public décréta l'envoi en Vendée de l'armée de réserve rassemblée sous Paris. Le général Berruyer (1), son chef, joignant à ses 15.000 hommes tous les effectifs disponibles, devait percer de Niort sur Chollet pendant que le général d'Ayat, son second, marcherait de Saumur sur le même point, et que l'armée des Côtes viendrait de Rennes. L'opération était judicieuse, (car l'expérience n'avait pas encore appris à voir le nœud vital du théâtre de guerre vendéen à La Roche-sur-Yon, près du littoral et sur la transversale La Rochelle-Nantes). En gagnant Cholet, on s'établissait en une position centrale par rapport à l'insurrection, et, en partant de Niort, on refoulait les rebelles de la côte d'où il fallait les éloigner à tout prix.

En route, Berruyer apprit que l'initiative inconsidérée de Goupilleau, (de Fontenay), avait bouleversé ce plan très sensé en envoyant d'Ayat, qu'il avait rencontré à Orléans, commander ce que l'on était convenu d'appeler l'armée de Vendée. Devant le fait accompli, il abandonna son objectif primitif et obliqua vers Angers, où il entra le 29 mars non point avec 15.000 hommes mais à la tête du 16e dragons tout uniment. La 35e légion de gendarmerie suivait, amalgame de deux compagnies de gardes françaises et d'ouvriers parisiens, combattants du 14 juillet,

(1) Soldat en 1753, colonel de carabiniers en 1792, général en 1793. S'était distingué dans les guerres de Sept ans et de Corse, mort gouverneur des Invalides en 1804.

commandée par un ancien vainqueur de la Bastille destiné à jouer un grand rôle dans la région : Rossignol (1).

Dissémination excessive des effectifs.

Dès le premier coup d'œil, les circonstances ne parurent pas, à Berruyer, favorables au mouvement en avant. Les troupes affluaient bien, grâce au zèle infatigable des représentants, mais leur bonne volonté laissait beaucoup à désirer. Sans expérience militaire, sans discipline, elles marchandaient amèrement un concours supérieur à une durée de quinze jours. Ce temps écoulé, il fallait, de gré ou de force, les remplacer par d'autres, aussi éphémères et soustraites très vite à l'action du commandement, grâce à de fâcheux procédés en honneur depuis les débuts de la fermentation et amplifiés par la condescendance des représentants vis-à-vis des pouvoirs locaux.

A la moindre inquiétude, le centre le plus petit sollicitait et recevait une garnison. D'où une fonte effrayante, un morcellement des effectifs préjudiciable au maintien de l'ordre, un contact trop élargi et dissolvant avec la population insurgée, un désordre si grand enfin qu'il était impossible d'obtenir les états de situation réclamés avec insistance par le ministre.

Isolés du voisin, n'ayant de militaire que le nom et pas même l'uniforme, constituant autour de la Vendée concentrée une sorte d'atmosphère sans consistance et sans épaisseur de 35 lieues de circuit, ces corpuscules se considéraient comme les satellites à demi indépendants de six noyaux décorés du nom pompeux d'armée :

Boulard aux Sables.	3.000	hommes
D'Ayat (2) à Fontenay. . . .	3.000	»
Quétineau (3) à Bressuire. . .	3.000	»
Leygonier (4) à Vihiers. . . .	3.000	»
Ladouce à Saint-Lambert . .	3.000	»
Gauvilliers (5) sur la Loire. .	3.000	»

La 35e légion de gendarmerie constituant aux Ponts-de-Cé une réserve générale.

(1) Jean Rossignol, orfèvre du faubourg Saint-Antoine.

(2) L. C. A. Beaufranchet d'Ayat, né en 1757, capitaine en premier de cavalerie en 1789.

(3) Pierre Quétineau, né en Maine-et-Loire, décapité en 1794.

(4) François Leygonier, né en 1740, lieutenant-colonel de cavalerie en 1792, avait fait la guerre de 7 ans.

(5) Cauvilliers, chef de Légion de la Garde nationale d'Angers.

SITUATION III *(mars 1793)*.

Armée de réserve.

Substituée à celle de l'intérieur le 1er mars 1793.

Général en chef BERRUYER.

Division de Saumur, ou droite de l'armée de réserve commandée immédiatement par Berruyer.	Division de Vihiers. — Général Leygonier . . 5.000 hommes Division de Saint-Lambert. — Général Ladouce . 2.500 hommes Division de Chalonnes. — Chef de légion, Gauvilliers : 2.500 hommes
Armée de Vendée, gauche de l'armée de réserve, commandée subordonnément par le général d'Ayat.	Division des Sables. — Colonel de Boulard . . . 3.000 hommes Division de Fontenay. — Général d'Ayat . . . 3.000 hommes Division de Bressuire. — Lieutenant-colonel Quétineau : 3.000 hommes

Réserve générale. — Les Ponts-de-Cé.

Effectif total, 20.000 hommes environ.

Le général de division Leygonier, de passage à Tours pour rejoindre l'armée des Pyrénées-Orientales, est requis, en mars 1793, par les représentants pour prendre le commandement des Gardes nationales.

Ladouce avait été institué chef de la brigade de Saint-Lambert par le corps administratif de Mayenne et Loire.

Gauvilliers chef de légion de la Garde nationale d'Angers est promu général de brigade le 28 juin 1794.

Quétineau, capitaine des grenadiers du 1er bataillon des volontaires des Deux-Sèvres, devient en 1793 lieutenant-colonel commandant ce même bataillon.

La présente situation a été établie d'après les renseignements contenus dans différentes histoires de la Guerre de Vendée, par exemple Chassin, Deniau, Patu-Deshautschamps. Les archives de la guerre ne possèdent pas d' « états » concernant les débuts des opérations. Peu à peu les situations deviennent plus nombreuses. Etablies quelquefois sur des feuilles volantes sans aucun soin, elles finissent par devenir périodiques. Elles affectent alors la forme de grands placards imprimés ou de carnets dépliables, à neuf feuilles, ornés de vignettes et fort bien présentés.

Impossibilité d'une offensive immédiate.

Le général en chef avait puisé son expérience au cours de trente années de longs services dans la campagne de Corse, si pleine d'analogie avec celle qu'il était appelé à mener. Il savait que pour vaincre, il faut anéantir la capacité de résistance de son adversaire en pénétrant de vive force jusqu'au centre où sa puissance s'élabore, et non point se borner à le cribler de coups d'épingle. Il voulait donc s'assurer cette force vive sur un point de la circonférence, et non point poursuivre la chimère d'une suprématie générale sur tout le périmètre. L'action convergente que l'on réclamait lui paraissait extrêmement dangereuse à entreprendre, par des routes si distantes les unes des autres que ses unités ne pouvaient se prêter un mutuel appui (1).

Outre que l'ennemi, très supérieur en nombre, pouvait, en utilisant les lignes intérieures, s'employer successivement contre chacune des maigres colonnes opérantes et les bousculer, l'offensive principale partie d'Angers constituait une véritable hérésie puisqu'elle tendait à refouler les insurgés vers la mer, dont il fallait s'appliquer au contraire à les couper. Puis elle se heurtait à une série d'obstacles matériels sérieux : un système hydrographique perpendiculaire à la direction de marche et franchissable seulement sur une série de ponts faciles à défendre ; un dos de pays, La Gâtine, jalonné par Thouars, Beaupréau et Saint-Florent, mouvementé, traversé de chemins détestables où les colonnes devaient progresser à l'aventure, sans appui pour leurs flancs, sans liaison avec les voisines, sans communication avec l'arrière.

Mais deux représentants, Carra (2) et Auguis (3), brûlaient de cette fièvre dont parle Taine, et qui dévorait les hommes politiques de ce temps. Ils ne redoutaient qu'une chose : l'inaction, n'envisageant qu'une nécessité : l'écrasement immédiat, rapide, définitif de la rébellion. Ils le pressent d'agir (4).

Plan d'opération.

Le plan d'attaque fut adopté. Toutes les subdivisions s'ébran-

(1) Sav. 1/131.

(2) Carra, député de Saône-et-Loire, en mission pour la levée de 10.000 hommes dans les Deux-Sèvres, exécuté avec les Girondins en 1793.

(2) Auguis, conventionnel des Deux-Sèvres, ancien capitaine de dragons, chargé de la même mission que Carra.

(4) P. D. 32.

SITUATION IV *(juin 1793)*.

Armée des Côtes de Brest.

créée le 30 avril 1793.

Général en chef : J. B. C. de CANCLAUX.

12e division. — La Rochelle. — Lieutenant général : de Verteuil de Malleret.

13e division. — Nantes et Brest. — Lieutenant général : de Chevigné.

14e division. — Cherbourg. — Lieutenant général de Wimpfen.

15e division. — Le Havre. — Lieutenant général de La Morlière.

Effectif général 29.925 hommes, dont 9.492 participent à la guerre de Vendée et tiennent garnison à Ancenis, Varades, Oudon, Clermont, Le Cellier, Mauves, Nantes, Port Saint-Père, Machecoul, Paimbœuf, Pornic, Bourgneuf et Noirmoutier.

(Archives de la Guerre.
Armée des Côtes de Brest. — Carton XII.)

Les troupes actives servant dans l'armée se répartissent ainsi :

4e d'Infanterie de ligne : un bataillon, 144 hommes à l'effectif, dont 109 présents, Brest.

9e d'Infanterie de ligne : 2 bataillons, 1.368 hommes à l'effectif, dont 1.163 présents, Belle-Ile.

14e d'Infanterie de ligne : 1 bataillon, 314 hommes à l'effectif, dont 285 présents, Brest.

39e d'Infanterie de ligne : 1 bataillon, (...) hommes à l'effectif, dont (...) présents, Rennes.

41e d'Infanterie de ligne : 1 bataillon, 781 hommes à l'effectif, dont 225 présents, Lorient.

44e d'Infanterie de ligne : 1 bataillon, 451 hommes à l'effectif, dont 451 présents, Quimperlé.

77e d'Infanterie de ligne : 2 bataillons, 1.129 hommes à l'effectif, dont 462 présents, Saint-Pol de Léon.

92e d'Infanterie de ligne : 1 bataillon, 816 hommes à l'effectif, dont 671 présents, Saint-Brieuc.

106e d'Infanterie de ligne : 1 bataillon, 149 hommes à l'effectif, dont 90 présents, Auray.

109e d'Infanterie de ligne : 2 bataillons, 1.461 hommes à l'effectif dont 758 présents, Vannes.

111e d'Infanterie de ligne : 2 bataillons, 325 hommes à l'effectif, dont 317 présents, Saint-Malo.

SITUATION IV *(suite)*

Etat des forces de la division Ladouce au 29 mars 1793.

Infanterie :

Bataillon de la Flèche. . . .	Effectif	: 285	hommes
Bataillon de Tours.	—	: 394	—
Bataillon de Vendôme. . . .	—	: 508	—
Bataillon de Chalonnes. . . .	—	: 408	—
Bataillon du Mans.	—	: 390	—
		1.985	hommes
Cavalerie :		106	—
Génie :		152	—
Artillerie :		52	—
		2.295	hommes
Détachement de Beaulieu.		716	—
		3.011	hommes

(Célestin Port, *Légende de Cathelineau*, 194).

lant le même jour, et par des itinéraires différents, se porteraient sur Cholet-Mortagne. La droite, avec le général en chef, par Chemillé ; le centre, avec Quétineau, par les Aubiers ; la gauche, sous d'Ayat, par Chantonnay. Poussant devant elles les troupes paysannes, les acculant dans la pointe du pays située entre la Loire-Inférieure et la Vendée, elles « forceront l'ennemi à déposer les armes ou le précipiteront dans la mer ! »

Précis des opérations. — Défaite du centre et de la droite.

Grand choc de Chemillé (11 avril 1793).

L'opération commença le 11 avril. Le mauvais état des routes, leur rareté, amenèrent Berruyer à former trois colonnes. Chemillé fut son objectif propre ; Beaupréau, à droite, celui de Gauvilliers ; Vihiers, à gauche, celui de Leygonier, sorti de Doué. Saint-Pierre-de-Chemillé, atteint le 11, se trouva muni de fortifications passagères creusées par les paroisses de Cathelineau et de d'Elbée (10.000 hommes). Une action acharnée s'engage. le « grand choc » des Annales vendéennes. Les généraux Berruyer, Duhoux (1), Menou (2) donnent généreusement de leur personne. Rossignol aussi, qui entraîne à plusieurs reprises sa 35e légion. Mais, dès le corps à corps, la plupart des gardes nationaux lâchent prise. Les éléments solides, non soutenus, doivent se retirer.

Combats de Coron et du Mesnil (11 avril 1793).

Leygonier avait trouvé Stofflet et 6.000 paysans rangés à l'entrée de Coron. Une canonnade entre les troupes peu aguerries des deux côtés, et qui s'affrontèrent plutôt qu'elles ne se combattirent, avait occupé toute la journée du 11. Le 12 au matin, elle avait amené la retraite des royalistes.

De son côté, Gauvilliers, franchissant la Loire en aval d'Ingrandes (3), avait battu Bonchamps au Mesnil, puis marché sur Beaupréau. Les catholiques découragés, manquant de munitions, se concentrent dans les gorges de la Sèvre, à Tiffauges. Leygonier réussit à pousser jusqu'aux portes de Cholet où deux de ses bataillons se fortifient dans le château du Bois-Grolleau.

La position des Vendéens devenait fort critique, la poudre manquait totalement. Soudain, l'arrivée d'un convoi les ravitaille. Un jeune officier des Mousquetaires rouges, Henri de la

(1) C. Duhoux, lieutenant-général du 7 septembre 1792, grièvement blessé dans l'action.

(2) J. comte de Menou, maréchal de camp de 1792.

(3) Au Cul de Bœuf.

Combat des Aubiers (13 avril 1793).

Rochejaquelein, à la tête d'un parti levé autour de La Durbellière, avait battu Quétineau aux Aubiers, lui enlevant 3 canons, 1.200 fusils, un fort approvisionnement de munitions.

Deuxième combat des Pagannes (20 avril 1793).

Dès le 19, l'offensive paysanne est reprise, le poste du Bois-Grolleau fournit une superbe défense de seize heures et permet à Leygonier de venir à son secours, mais celui-ci est complètement défait aux Pagannes par d'Elbée. Seuls, le demi-bataillon du Finistère et le 19e dragons font bonne contenance. Une déroute complète abandonne armes, munitions, matériel et découvre la gauche du général en chef, lequel doit regagner précipitamment Chemillé d'où il venait de sortir.

Bataille de Beaupréau (23 avril 1793).

La troisième colonne envahissante, celle de Gauvilliers, n'avait pas encore subi d'échec et tenait Beaupréau. Le 23, toute l'armée catholique (1) l'attaque. Bien retranché en arrière de l'Evre, Gauvilliers marque de la vigueur. Une compagnie du Loir-et-Cher, complètement cernée, refuse de se rendre ; des canonniers d'Eure-et-Loir se font tuer sur leurs pièces. Mais le flot des assaillants s'enfle sans cesse avec un tumulte et des cris impressionnants. Bousculée sur la Loire, la division repasse le fleuve en complet désarroi, ayant perdu 5 canons et 900 hommes.

Le 28, Berruyer, qui avait complètement évacué le Bocage, était relevé de son commandement. Les qualités, montrées çà et là par la troupe, tant à Beaupréau qu'au Bois-Grolleau, avaient prouvé cependant que des soins attentifs eussent pu donner de la solidité à l'instrument de combat mis en jeu trop précipitamment, sans considération pour ses rouages entièrement neufs.

Opérations en Basse-Vendée et en Bas-Poitou.

A Fontenay, où l'avait envoyé l'initiative intempestive de Goupilleau, d'Ayat avait trouvé la place occupée par le colonel Boulard, institué commandant en chef de ce que l'on appelait l'armée de Vendée, par les représentants Niou et Trullard. Quelques mesures, telles que l'envoi de deux bataillons de gardes girondins aux Sables, ayant été désapprouvées par la nouvelle direction, les représentants intervinrent pour en exiger l'exécution. D'Ayat céda, mais la situation anarchique créée par la confusion des pouvoirs apparut pleine de menaces.

(1) Trente à trente cinq mille hommes. D. 2 2/638.

Boulard, remplacé, regagna les Sables et s'employa sans perdre un instant à établir sa liaison avec Nantes, à travers le pays de Charette. Activement secondé par le lieutenant-colonel Esprit Baudry-d'Asson, il dégagea d'abord les environs de son poste. De vifs engagements à La Grassière (8 avril) et à La Grève, lui livrèrent la ligne de l'Auzance et Saint-Gilles, puis le combat du Pas-au-Peton (11 avril), lui assura la ligne de la Vie et lui ouvrit l'accès de Challans (12 avril), d'où un retour offensif de Charette fut repoussé. Il battit encore ce dernier le 17 à Saint-Gervais.

Combats de La Grassière, de La Grève, du Pas-au-Peton, de Saint-Gervais.

De son côté, Beysser, lieutenant de Canclaux, sortait de Nantes le 20, s'emparait de Machecoul, puis, par une action combinée avec l'escadre de Villaret-Joyeuse, réussissait à remettre la main sur Noirmoutier (28 avril). La liaison entre les deux centres d'opérations du nord-ouest et de l'ouest était effectuée.

Reprise de Noirmoutier, 28 avril.

Dans toute cette région, la tournure des affaires militaires eût donc été très favorable, si un chef fort redoutable ne s'était révélé en la personne de Charette. Battu plusieurs fois, il avait cependant montré un esprit plein de ressources et une puissance de commandement encore très discutée, mais qui devait s'imposer bientôt à une foule de petits chefs indépendants les uns des autres, dont les plus connus, ou du moins ceux que leurs talents ou leur énergie appelaient à une plus grande notoriété, étaient le chirurgien Joly, « général de camp sous les Sables », et La Cathelinière, commandant de la division de Port-Saint-Père.

En communication intermittente entre eux et avec la Grande-Armée, ces nombreux groupements insurrectionnels s'efforçaient, avant tout, de couper Nantes des Sables, en maîtrisant Le Pont-James, Légé et Palluau, les trois points les plus importants de la seule grande route traversant le pays, et Le Port-Saint-Père, Machecoul ou Challans, les centres principaux de l'artère secondaire qui contournait le lac de Grandlieu.

Leur ambition était aussi de mettre la main sur un des ports du littoral, Pornic, Noirmoutier, La Croix-de-Vie, Saint-Gilles ou les Sables pour assurer leurs communications avec l'extérieur. Lyrot de la Patouillère, du Loroux, subordonné théoriquement à Bonchamps, chef de la division de la Loire, faisait pratiquement partie de leur groupement, et paraîtra plus d'une fois dans la série des opérations si confuses, que l'ouest vendéen ne se lassera pas de mener autour de Légé, Palluau, Challans, Machecoul, disputées sans cesse, sans cesse prises et reprises.

CHAPITRE III

ARMÉE DES COTES DE BREST :

Quartier général : NANTES.

CANCLAUX, commandant en chef.

ARMÉE DES COTES DE LA ROCHELLE :

Quartier général : ANGERS.

LEYGONIER, commandant *par interim* (28 avril-28 mai 1793).

Défaite du centre de l'armée des Côtes de La Rochelle.

Formation de 3 armées (30 avril 1793).

Berruyer rappelé, le Comité de Salut Public décréta la formation, dans l'Ouest soulevé, de trois armées :

1° Les côtes de la Manche, sous Wimpfen ;
2° Les côtes de Brest, sous Canclaux ;
3° Les côtes de La Rochelle, sous Biron.

La droite de l'armée des Côtes de La Rochelle avait été culbutée du 11 au 20 avril ; sa gauche, malgré quelques petits succès à Cheffois les 10 et 12 avril, à Mouilleron le 25, était immobilisée par l'armée dite du centre, commandée par Royrand. Son centre devint l'objectif de la masse principale des forces paysannes, groupées sous le nom de grande armée catholique et royale. Il consistait en une division bâtarde et inconsistante de 6 bataillons nationaux, 62 canonniers et 113 cavaliers, sortis de 10 régiments différents, et stationnait dans Bressuire avec un poste avancé de 500 hommes dans Argenton-Château.

Le chef de ce centre si peu solidement organisé, était un ancien capitaine des volontaires de 1792, le lieutenant-colonel Quétineau, que sa municipalité avait revêtu d'un commandement beaucoup trop lourd. Indécis, mal obéi, il ne put s'opposer à la prise d'Argenton, abandonna Bressuire et d'importants magasins, puis gagna Thouars par une marche rétrograde, que traversèrent des scènes d'insubordination douloureuses de la part de ses contingents marseillais (1).

Capitulation de Thouars (5 mai 1793).

Le 5 mai, les Vendéens se présentèrent. Formé derrière le Thouet, Quétineau place 1.000 fusils dans Thouars, 1.000 autres à 2 kilomètres en aval, au pont des Princes, 300 à un kilomètre plus en aval encore au gué des Riches. Front démesuré !

A 2 heures, la cavalerie de Bonchamps force le gué, Quétineau déploie sa réserve, en vue d'une retraite sur Loudun, estimant qu'il ne pouvait tenir contre ses 20.000 agresseurs. Mais, invinciblement attirés par les murs de la ville, ses éléments s'y précipitent malgré lui. Il s'y voit forcé et, vers 7 heures, capitule, livrant à Henri de la Rochejaquelein et à Bonchamps, 10 canons, 4.000 fusils, 2.000 sabres, de la poudre, 1.500.000 livres en numéraire et d'abondants approvisionnements.

Le retentissement de cette défaite fut immense. « Ce n'est plus une insurrection, c'est une guerre civile », s'écria Tallien. Un indescriptible enthousiasme saisit les Vendéens. L'apparition d'un imposteur qui se donna pour évêque et fut reçu comme tel — l'évêque d'Agra — augmenta encore leur délire (2). « Ivre de religion et de guerre », le royaliste se trouvait pour longtemps dans cet état d'esprit qui permet de tant demander au Français. Ses chefs, pénétrés de l'assurance qui fait aller droit au but, « sans les tâtonnements qui perdent tout à la guerre », se tournèrent sans hésitation contre le troisième élément encore intact de l'armée des côtes de La Rochelle.

Défaite de l'aile gauche.

Le général d'Ayat, chef de l'aile gauche de l'armée des côtes de La Rochelle, se considérait plutôt et à juste titre comme placé à la droite d'un ensemble dont Boulard son subordonné constituait le centre et Canclaux, des côtes de Brest, la

(1) A proprement parler, le 7e bataillon du Var levé à Toulon pour Paris, aiguillé sur la Vendée par Collot d'Herbois. Son passage a laissé des traces à Poitiers [*Bulletin de la Société des antiquaires de l'Ouest*, 1912], où il fut comblé de félicitations. Il ne s'enfuit pas moins à Bressuire et à Thouars. Cent sur cinq cents restèrent fidèles. Il donne une idée de ce que valaient les troupes de Biron.

(2) Guillot de Folleville, ancien curé de Dol, décapité le 5 janvier 1794.

gauche. C'est dans cet esprit que Chalbos (1), posté à Saint-Cyr-en-Talmondais, très bonne tête de pont sur le Lay, avait surtout assuré, pendant les mois de mars et d'avril, sa liaison avec la division des Sables chargée d'une mission si importante. Il s'était borné, au moment de l'offensive Berruyer, à transporter son lieutenant en flèche avec 3.000 hommes à La Châtaigneraye, point culminant du Bocage, où se commandent les sources et les défilés du Haut-Lay, de la Sèvre Nantaise et de la Vendée, et qui couvre bien Fontenay.

Victoire de Fontenay (16 mai 1793).

Le 13, la grande armée catholique s'approche. Chalbos, après un combat de deux heures, se retire sur Fontenay. Dans la matinée du 16, des masses évaluées à 20.000 hommes l'y assaillent, mais en formation confuse, et sur un terrain découvert et plat, favorable aux évolutions de la cavalerie. Il en profite; ainsi que du désordre de l'assaillant, le charge sur les derrières et les flancs, le rompt et lui prend toute son artillerie, 35 pièces, dont la fameuse Marie-Jeanne. Aussitôt les représentants Goupilleau et Garnier, croyant les rebelles complètement démoralisés, déplacent 2.500 hommes pour renforcer Boulard.

Opérations dans le Bas-Poitou.

Celui-ci, après son succès de Saint-Gervais, avait été forcé par une réquisition des conventionnels Auguis et Carra de réintégrer La Mothe-Achard, mais, sur les instances de Beysser, il avait de nouveau repris l'offensive, le 29 avril, pour seconder l'armée de Nantes dans l'attaque de Légé. Malgré un succès au combat de Moutiers, il n'avait pu arriver à temps pour empêcher Boisguyon, lieutenant de Beysser, d'être repoussé de Légé (30 avril). Entré du moins dans Palluau le jour même, il avait repoussé Charette qui vint l'y attaquer le lendemain. Le chef maraichin se retournant alors contre Beysser, maître de Machecoul, avait essayé vainement de l'en chasser le 3 mai. La liaison semblait de nouveau parfaite entre les deux éléments républicains, quand, tout à coup, le 7 mai, Charette surprenait le poste très important de Saint-Colombin et, revenu sur Boulard, combinait une nouvelle offensive avec La Cathelinière et Joly contre Palluau.

Enlèvement par Charette de St-Colombin.

Affaire de Palluau-Joly (15 mai 1793).

L'intervention de Canclaux put faire avorter cette opération, mais Boulard, au su de la chute de Thouars, rendu inquiet pour les Sables et pour sa liaison avec d'Ayat, avait senti la nécessité de se replier sur La Motte-Achard, laissant Esprit Baudry-d'Asson à Saint-Gilles avec avancée au Pas-au-Peton.

(1) A. Chalbos, adjudant général, soldat depuis 1751.

Défaite de Fontenay (25 mai).

Deuxième bataille de Fontenay.

Les inquiétudes du colonel Boulard étaient justifiées. Dès le 25 mai, l'armée catholique, complètement réorganisée à Cholet par d'Elbée, renforcée des paroisses de la Loire (Bonchamps), reparaissait et surprenait à demi les républicains très diminués et sans consistance, en dépit de la présence du général d'Ayat venu avec quelques forces. Sur le champ de bataille du 16, hâtivement réoccupé, trois colonnes vendéennes débouchent, en formation plus ordonnée cette fois, précédées de chefs dont les mouchoirs rouges et les écharpes blanches s'aperçoivent très distinctement.

Contre leur droite, Chalbos veut, encore une fois, utiliser sa cavalerie. Par une formation oblique opportune, Bonchamps maîtrise la charge. Chalbos veut lancer ses gendarmes à cheval, ceux-ci, qu'impressionnent les masses paysannes, refusent, se débandent, portent le trouble dans l'infanterie qui les imite.

Cernés dans la ville, les républicains déposent les armes au nombre de 3.500 à 4.000, abandonnant 5.000 fusils, 30 canons, 900.000 francs en assignats (1). Par un retour désespéré d'Ayat se dégage, peut rentrer à Niort, mais Fontenay reste au pouvoir des royalistes. Un précieux débouché, permettant de pénétrer dans la Vendée en tournant les défilés du Lay, témoins de la déroute de Marcé, semblait pour longtemps perdu.

Coup d'œil sur l'organisation Vendéenne.

Par la capitulation de Fontenay, les Vendéens avaient retrouvé cette foi dans le succès final qui les avait soulevés après Thouars et qu'ils avaient perdue à la bataille du 16. Ils travaillèrent activement au perfectionnement de leur organisation.

Leur haut commandement laissait surtout à désirer. Tout y était désordre. La plupart des généraux ne se connaissaient pas entre eux. Trois armées furent formées :

(1) Qui furent contresignés au nom du roi et formèrent un fonds de caisse important.

GRANDE ARMÉE
Généralissime : CATHELINEAU puis D'ELBÉE

I. — *La grande armée catholique et royale d'Anjou et du Haut-Poitou.*

Général en chef : Cathelineau.
Quartier général : Cholet.

1re Division. — Bressuire. — Chef : Lescure.
2e Division. — Les Mauges. — Chef : Cathelineau.
3e Division. — La Loire. — Chef : Bonchamps.
4e Division. — Maulévrier. — Chef : Stofflet.
5e Division. — Cholet. — Chef : d'Elbée.
6e Division. — Argenton. — Laugrenière (1).

Ses 40.000 hommes constituent la masse de manœuvre principale (2).

II. — *L'armée catholique et royale du Centre.*

Général en chef : comte de Royrand.
Quartier général : Les Herbiers.

Vendée du Centre

1re Division. — Montaigu. — Chef : Royrand.
2e Division. — Mortagne. — Chef : Sapinaud de la Verrie (3).
3e Division. — La Châtaigneraie. — Chef : Baudry d'Asson (4).

Ses 10.000 hommes (5) devaient éviter les affaires sérieuses et tenir en respect la division de Niort.

III. — *L'armée de Retz et du Bas-Poitou*

Général en chef : non désigné.
Quartier général : non désigné.

Basse-Vendée ou Bas-Poitou

1re Division. — Les Sables. — Chef : Joly (6).
2e Division. — Le Loroux. — Chef : Lyrot (7).
3e Division. — Machecoul. — Chef : Charette (8).

(1) Jaudonet de Laugrenière, ancien mousquetaire, décapité en janvier 1794.

(2) D. 2/11 — R. E. T. 3.

(3) Ancien garde du corps. Tué le 25 juillet 1793 au Pont-Charrault.

(4) Gabriel Baudry d'Asson, ancien capitaine d'infanterie, frère du lieutenant colonel républicain Esprit Baudry d'Asson. Il fut tué à la bataille de Luçon, 14 août 1793.

(5) R. E. T. 4.

(6) Joly, ancien sergent, chirurgien à Beaulieu, condamné à mort par Charette en avril 1794.

(7) Lyrot de la Patouillère, ancien officier, tué à Savenay, 23 décembre 1793.

(8) François Athanase Charette de la Contrie, ancien lieutenant de vaisseau fusillé le 29 mars 1796.

Six à sept autres bandes sont confiées à des chefs à demi indépendants, dont les plus célèbres furent La Cathelinière (1), Couëtus (2), La Robrie (3), Guérin (4). La troisième, moins homogène que les deux autres, comptait 12 à 15.000 hommes, isolait Nantes de La Rochelle et gardait le littoral. Charette tendait de plus en plus à y dominer, mais ne devait être reconnu, et par huit chefs seulement, que le 9 décembre 1793.

La troupe, en dépit de tous les efforts, reste un amalgame très instable d'effectifs volants, groupés en un instant, s'évanouissant de même pour se concentrer de nouveau, sur un signal vivement transmis de moulin en moulin, de clocher en clocher ou par coureur. L'expédition terminée, aucun pouvoir ne peut en arrêter la dislocation. Le paysan sert cinq à six jours et pas plus, puis reprend le chemin de sa ferme, pour aller « changer de chemise » comme il dit.

Aussi la nécessité d'une troupe permanente s'imposa-t-elle aux préoccupations des généraux vendéens. Si la plupart des paroisses n'arment qu'une compagnie commandée par un capitaine et des caporaux, certaines en fournissent deux. On s'efforce d'obtenir de celles-ci que l'une des compagnies veille, pendant que l'autre travaille. Des camps sont fondés, çà et là, près des Sables, au carrefour de l'Oie, à Amailloux près de Parthenay. Mais le paysan les goûte peu.

De déserteurs républicains, (ils deviendront de plus en plus nombreux, après Saumur surtout), on forme des compagnies soldées dites des Gardes suisses, et des Vengeurs de la Couronne où les Allemands sont en grand nombre (5). Enfin les émigrés, les gardes-chasses, les douaniers servent de cadres volants (6).

Par tous les moyens, on s'efforce de perfectionner l'instruction militaire. Les ruraux, au début, se bornaient à faire le vide

(1) Ripault de la Cathelinière, décapité le 3 mars 1794.

(2) Jean de Couëtus, ancien capitaine au Royal-Marine, fusillé le 4 janvier 1796.

(3) Hervouët de la Robrie Joseph, aide de camp de Charette, disparu dans les vases de Noirmoutier en 1793. Son frère Prudent fut chef de la cavalerie de Charette et tué à La Gratière en 1795. Son troisième frère Hyacinthe fut enfermé par Hoche, à Saumur, jusqu'au Consulat.

(4) Guérin l'aîné, marchand de beurre, un des commandants de la cavalerie maraîchine, tué le 25 septembre 1795 à Saint-Cyr.

(5) Plus de la moitié de la Légion Germanique (Sav 1/264) et de la Légion Rosenthal grossit, après Saumur, les Vengeurs de la Couronne. Un certain nombre contribua à former les Vengeurs de Stofflet. Roguet estime (E. T. 14) que chaque armée eut un corps soldé de 1.200 hommes.

(6) Biron évalue à 8.000 et Westermann à 10.000 (Ch V 1/597) les belligérants permanents encadrant les ruraux.

en avant des colonnes, attaquant seulement les détachements trop faibles ou s'émiettant rapidement en cas d'échec. Le succès les ayant enhardis, on put leur inculquer certains principes de manœuvres, leur apprendre l'escrime à la baïonnette, régulariser, dans la limite nécessaire, leur tactique instinctive et excellente de l' « égaillement ».

La masse des combattants se subdivisa en trois classes : Les gardes, les contrebandiers, les braconniers munis de fusils à deux coups, n'en usant qu'à portée et manquant rarement le but, formaient la première, se diluaient en une ligne épaisse de tirailleurs et attaquaient de front. La deuxième classe, moins bien armée, se dispersait au combat, elle aussi, s'élevait sur les flancs à la faveur des talus et des genêts, chargeait aux cris de : « Rembarre ! Rembarre ! » (Tourne ! tourne !) et donnait aux républicains la sensation déprimante d'un enveloppement complet. Timide, sans armes, tenue à distance, la troisième n'ajoutait le poids de sa masse propre que si l'affaire tournait bien. La poursuite se faisait alors avec une « chaleur incroyable ».

Artillerie. — Sans artillerie, au début, les Vendéens finirent par en posséder une abondante qu'organisa Bernard de Marigny (1). Entassée à Mortagne, sur la place du château, elle servit dans les poursuites seulement ou dans la défense des lieux habités. Plus vite que les républicains, les royalistes comprirent la quasi inutilité de cette arme dans un pays sans viabilité. « Une victoire, dit Turreau, dans ses Mémoires, nous donnait 2 ou 3 canons, une déroute nous en faisait perdre 15 ou 20. Les rebelles nous ont pris, dans les cinq premiers mois de la Grande Guerre, 300 bouches à feu et 500 caissons. Pourquoi donc a-t-on amené autant d'artillerie dans la Vendée (2) ? »

Cavalerie. — Mal montée, mal équipée, la cavalerie aligna 6.000 hommes environ dont 2.000 dans la Grande Armée. Dommaigné (3) la commandait.

Subsistances. — Sur 130 à 140.000 hommes que comptait le pays soulevé, 110.000 prirent les armes, 70.000 combattirent acti-

(1) Bernard de Marigny, ancien officier de vaisseau, fusillé par les chasseurs de Stofflet le 10 juillet 1795. Il ne doit pas être confondu avec Bouin de Marigny, « l'Achille des Mayençais », général républicain tué près d'Angers le 4 décembre 1793.

(2) On verra plus loin que, lors de la 4e Vendée, le général Lamarque ne voulut avec lui aucune artillerie.

(3) J. E. de Dommaigné, ancien garde du corps, tué à Saumur.

vement (1) : il fallut donc donner quelque soin au service des subsistances, bien qu'en principe le paysan dût pourvoir à sa nourriture pendant trois ou quatre jours. Auprès de chaque général fonctionna un Comité de vivres, organe secondaire d'un Bureau central établi à Châtillon-sur-Sèvre.

ARSENAUX. — Des arsenaux s'ouvrirent à Cholet, à Mortagne. Une salpêtrière exploitée à Chalonnes permit le fonctionnement de moulins à poudre nombreux qui fabriquèrent bientôt gargousses et cartouches en abondance.

CONSEIL SUPRÊME. — La surveillance de ces divers services, comme aussi l'élaboration des plans de campagne, furent confiés à un Conseil suprême de 30 officiers siégeant à Châtillon-sur-Sèvre.

CONSEIL SUPÉRIEUR. — L'administration civile, mise entre les mains d'un Conseil supérieur où domina bien vite l'abbé Bernier (2), ancien curé de Saint-Laud d'Angers, créa des hôpitaux à Cholet, à Châtillon et surtout à Saint-Laurent-sur-Sèvre.

FINANCES. — Les caisses prises aux républicains alimentèrent au début les finances insurrectionnelles. Aux revenus tirés des biens nationaux s'ajouta bientôt celui de l'impression des assignats tirés à l'effigie de Louis XVII.

Coup d'œil sur l'organisation républicaine.

A la fin de mars les forces républicaines atteignaient 50.000 hommes environ, dont 1.500 d'infanterie de ligne seulement, 8 bataillons de volontaires et 1.600 cavaliers, le reste de gardes nationales.

Le Comité de Salut Public dut faire bientôt flèche de tout bois et décréter une levée en masse, bornée dans le principe aux pays limitrophes, étendue par la suite au loin, et qui fit affluer au son du tocsin tous les citoyens de 16 à 60 ans. Puis ce furent tous les types de formation hybride, produits ordinaires et spontanés des époques troublées : corps francs, légions diverses, compagnies de canonniers, de fédérés, de piquiers. On vint de Rouen, de Marseille, de Strasbourg même. L'indispensable en armes faisait défaut : Paris dut fournir 60.000 piques.

(1) Deniau.
(2) E. Bernier, né en 1769, docteur en théologie.

Levées parisiennes. — Le 2 juin, Santerre (1) quittait la capitale à la tête de 12 bataillons parisiens destinés à rester célèbres sous le nom de « héros de 500 livres », du montant de leur prime. Indociles, très pillards, issus pour la plupart de rebuts sociaux, ils devaient susciter à leurs chefs des embarras extrêmes. La multitude de femmes perdues dont ils se firent suivre introduisit dans l'armée, en dépit de tous les efforts, les habitudes d'indiscipline et de brigandage les plus pernicieuses (2). Cependant — admirable effet d'une règle fermement appliquée — deux d'entre eux et non point des meilleurs, au dire d'un témoin oculaire (3), ceux du faubourg Saint-Antoine et du Panthéon, pris en main par Boulard, rendirent de bons services.

Les Grenadiers-gendarmes formant la garde de la Convention arrivèrent à Niort le 25 mai, au nombre de 181 avec 2 pièces de canon.

Légions. — La Légion germanique avait paru en Vendée la première ; créée en 1792 à l'aide de déserteurs prussiens et autrichiens, elle comptait parmi ses officiers Augereau et Marceau. D'âme mercenaire, les transfuges qui la composaient préférèrent bientôt aux assignats républicains les espèces trébuchantes vendéennes ; 1.600 sur 2.600 environ passèrent aux royalistes. Après la prise de Saumur elle fut licenciée, et on forma deux nouveaux corps, la Légion de la Fraternité et le 19e chasseurs à cheval, où Marceau reçut une commission de capitaine.

La Légion du Nord arriva le 1er mai de l'armée des Ardennes, par chariots ou en poste : 2 bataillons, 4 escadrons, 4 canons ; Westermann (4) y faisait régner une sévère discipline.

La Légion Rosenthal, de 300 hommes à pied et de 400 cavaliers vêtus de noir et dénommés hussards de la mort, servit mal, dut être dissoute. Ses débris retrouvèrent à Niort ceux de la Légion des Alpes : 400 hussards venus de Fontainebleau.

L'armée républicaine de Vendée présenta bientôt l'aspect d'une sorte de mosaïque de morceaux très inégaux et disparates. On y verra, en 1794, Beaupuy tenter l'amalgame en deux bataillons

(1) Santerre, brasseur du faubourg Saint-Antoine, commandant de la Garde Nationale de Paris, général de division le 30 juillet 1793.

(2) P. D. 108 — V 1/157. La commune offrait 200 livres au départ, 500 au retour.

(3) Mémoires de l'adjudant général Aubertin, p. 15. Il rencontra l'un des deux destinés aux Sables, « ramassis de voleurs, vagabonds et gens sans aveu. »

(4) Westermann, avocat, commande les fédérés bretons à l'attaque des Tuileries ; colonel de la Légion du Nord le 27 septembre 1792, général de brigade en 1793, guillotiné en 1794.

de 28 unités différentes, de l'effectif le plus variable allant de 19 hommes (compagnie franche de Bellac) à 82 (compagnie des chasseurs Sans-Culottes (1).

Formation d'Orléans. — Le général de Hesse (2), à Orléans, fut chargé de doubler d'un nombre égal de recrues un lot d'anciens soldats fournis par chacune des compagnies de volontaires ou de lignes des armées du Nord et des Ardennes. Il créa 14 bataillons à 9 compagnies, dont 5 portaient l'uniforme blanc de l'armée régulière, et 4 l'habit bleu de volontaires. Ces unités servirent la plupart du temps fort bien, et, jusqu'à la pacification, les situations périodiques les mentionneront. Au mois de juin 1793, 10 d'entre elles résidaient à Niort, 3 à Tours et à Saumur (3).

Commissaires aux guerres.

D'autres mesures tendirent à donner plus de cohésion à l'ensemble. L'absence d'administration militaire et de commissaires aux guerres entravait beaucoup les opérations. Le ministre Bouchotte donna la mission à son premier adjoint Ronsin (4), d'organiser le service d'arrière de l'armée des Côtes de la Rochelle. Celui-ci, venu de l'armée du Rhin, était un exalté. Il rejoignit, avec son premier agent, Grammont (5), lequel, reconnu à Nantes pour avoir joué sur le théâtre de la ville, ne put s'y faire accepter, et dut rentrer à Tours où on le nomma chef de bataillon de Gauvilliers. Bientôt vinrent les Parein (6), les Grasset (7), les

(1) Archives de la Guerre. Carton XII, armée des Côtes de Brest.

(2) Charles, prince de Hesse Rhinfels, au service de la France depuis 1765.

(3) V 2/132-179.

(4) Ronsin, artiste dramatique, général de brigade le 4 juillet 1793, commandant en chef l'armée révolutionnaire, décapité le 15 mars 1794.

(5) Grammont (Nourry dit), tragédien du théâtre français, général de brigade, écrit au général de Boulard une lettre injurieuse qui provoque la démission du commandant des Sables ; chef d'Etat-major de l'armée révolutionnaire.

(6) Parein (du Mesnil), auteur dramatique, général de brigade de l'armée révolutionnaire.

(7) Grasset (J.-C.), régisseur du théâtre de la Montausier. S'attaque, avec Parein et Grammont, à Boulard ; adjoint aux adjudants généraux de l'armée révolutionnaire.

Momoro (1), les Hazard (2), les Saint-Félix (3), dont l'arrivée fut un véritable désastre.

Voyant dans chaque insurgé un adversaire de sa foi politique à combattre, plutôt qu'un égaré à ramener, incapable de comprendre la portée et la noblesse du concept que Hoche donnera plus tard comme directive à ses généraux : « Evitez surtout de venger des querelles particulières », chacun de ces enragés, comme le disait Philippeaux (4), devint, par conviction, par intérêt, par goût du désordre, un fomenteur d'anarchie. L'exaltation de ses opinions politiques et les grades militaires élevés dont il fut bientôt revêtu valut au groupe entier un véritable ascendant au sein de la Commission centrale. Celle-ci formée à Saumur en assemblée permanente de seize membres sur la dénomination de Commission centrale de correspondance devait servir de rapprochement entre les dix autres commissions qui siégeaient dans les cinq départements de Charente-Inférieure, Vendée, Deux-Sèvres, Maine-et-Loire, Indre-et-Loire. En fait elle devint bientôt presque omnipotente. L'un de ses premiers actes fut de dresser un nouveau plan d'attaque... et lequel !

Formation de la Commission de Saumur (15 mai 1793).

Quatre colonnes plus un corps de réserve, s'ébranlant le même jour et à la même heure de cinq points différents, devaient entourer les rebelles « en même temps et de tous côtés. » La préoccupation presque puérile d'avoir partout de la force conduisait une seconde fois à l'adoption d'un dispositif stratégique à demi enfantin : l'encerclement de l'ennemi par un mur de baïonnettes, puis son étouffement progressif. Briser un semblable cercle de fer faible partout, ouvrir une brèche dans un pareil mur, quel jeu pour un adversaire actif, maître du point central et libre de manœuvrer sur les lignes intérieures !

Bloquer le territoire vendéen n'était certes pas inutile, mais un système de police y devait suffire. La menace d'une armée concentrée à Nantes ou à Niort eût empêché les paysans soulevés de déborder hors de leur pays. De tels belligérants ne s'éloignent

(1) Momoro (A.-F.) imprimeur, dénonce Biron, Westermann et Tuncq ; suspendu par Bourdon (de l'Oise) et Goupilleau en même temps que Rossignol ; décapité avec Ronsin et les hébertistes.

(2) Hazard (P. N. J.) professeur de mathématiques, adjudant-général, général de brigade, chef d'Etat-major de Ronsin, destitué en même temps que Momoro et Rossignol ; chef d'Etat-major de Rossignol aux Côtes de Brest ; destitué le 26 avril 1794.

(3) Saint-Félix (Musquinet de), ancien acteur, arrêté à Niort sur la plainte de la Société Populaire exaspérée de ses propos incendiaires. V 2/165.

(4) Philippeaux (P.) député de la Sarthe, s'employa beaucoup en Vendée, décapité le 5 avril 1794 avec Camille Desmoulins.

SITUATION V

(Situation au 15 mai 1793)

Armée des côtes de La Rochelle
créée le 30 avril 1793.

Général en chef : général Leygonier, commandant par intérim.

	Division	Garnisons
Division de Saumur Général de Menou.	Division des Ponts-de-Cé 2.597 hommes Adjudant-général Talot, commandant par intérim.	Les Ponts-de-Cé. Érigné. Mûrs. Grand-Claye. Brissac.
	Division de la Loire 1.806 hommes.	Saint-Georges. La Pointe. La Possonnière. Laleu. Champtocé. La Riotière. Ingrandes.
Armée dite de Vendée Général d'Ayat.	Division des Sables 5.915 hommes Général Boulard	Challans. La Gamache. Saint-Gilles. Lachaisé. Vassé. Beauvoir. Bouin. La Mothe-Achard. Les Sables.
	Division de Luçon 1.077 hommes.	Talmont. Avrillé. Saint-Cyr. Port-la-Claye. Luçon.
	Division de Niort 9.079 hommes.	Fontenay. La Chataigneraie. Saint-Hermand. Niort.

Effectif général 21.074 hommes ; 30 garnisons.

(*Arch. Guerre*, Côtes de La Rochelle, carton I)

SITUATION VI

A cette époque les troupes de l'armée des Côtes de Brest, qui agissaient en liaison avec celles des Côtes de la Rochelle, étaient les suivantes :

I. — *Au commandement direct de* Canclaux.

Ancenis
Varades
Anetz
Oudon
Clermont
Le Cellier
Mauves
Thouaré
Nantes

II. — *Adjudant général* Vergnes.

Port Saint-Père
Machecoul
Paimbœuf
Pornic
Bourgneuf
Noirmoutier

Effectif général 9.492 hommes ; 15 garnisons.

Canclaux n'avait pas de général à Nantes ; Vergnes fut nommé à ce grade le 5 mai en même temps que Beysser.

pas facilement de leurs foyers (1). En jalonnant les marches vendéennes d'un chapelet de petits corps isolés, sans consistance, les représentants dépensèrent beaucoup de bonne volonté, de temps et d'argent, et les enragés de Saumur beaucoup de présomption pour constituer autant de réservoirs où les insurgés venaient puiser à l'aise. Nous avons vu l'armée de Quétineau fournir les Vendéens de la poudre nécessaire, Thouars leur livrer 4.000 fusils et 1.500.000 livres en numéraire, Fontenay 5.000 fusils encore et 900.000 francs. Nous allons voir de nouvelles défaites les enrichir encore. Car la substitution aux armées locales de deux organismes distincts, avait constitué un progrès très insuffisant.

Que de lenteurs, en effet, que d'hésitations, à la guerre, quelle perte de temps pour accorder deux quartiers généraux même rapprochés ! Ici ce sont Niort et Nantes qui correspondent : il faut contourner la Vendée par terre ou bien emprunter la voie de mer toujours infestée par l'Anglais. Supposons l'exprès diligent et heureux. Il arrive et remet son message. Celui-ci inspire presque toujours quelques objections, car tout est calcul à la guerre, et calculer juste devient fort difficile quand on ignore presque tout des effectifs et de la situation de son collègue. La réponse se rédige donc. Elle part. En sens inverse elle parcourt péniblement une partie de cette circonférence dont les rayons sont aux royalistes. Ceux-ci sont vite au courant de vos desseins, car il y a tant de chefs et de tout ordre à prévenir, dans cette armée des Côtes de La Rochelle, par exemple, égrenée d'Angers aux Sables, et parmi eux tant sont d'impitoyables bavards ou des indiscrets ! Le courrier n'aura pas terminé son périple que votre dessein est éventé et votre secteur le moins fort assailli.

Le concept de deux armées jumelles, agissant sur un territoire commun, ne peut se défendre (2) ; si, par surcroît, près de chacune d'elles, réside quelque représentant de la puissance souveraine, le conflit fatal risque de tourner à l'aigu. C'est ce qui va se produire en Vendée, où, près de chacun des Etats majors petits ou grands, agit un groupe plus ou moins important de députés. La scission, la discorde, la haine même, vont devenir complètes.

(1) La guerre du Transvaal l'a démontré une fois de plus.
(2) L'unité de commandement est de première nécessité à la guerre (Max. napoléonienne).

CHAPITRE IV

ARMÉE DES COTES DE BREST	ARMÉE DES COTES DE LA ROCHELLE
Quartier général : NANTES.	Quartier général : NIORT.
CANCLAUX, général en chef.	BIRON, général en chef.

Le nouveau général en chef, touché par sa nomination à l'armée des Alpes, où il servait, ne put rejoindre Niort que le 28 mai. Le plan de la Commission de Saumur l'attendait au débarquer. Il en prit connaissance. Il resta atterré.

Les défaites de Berruyer, de Quétineau, de d'Ayat avaient montré la véhémence du drame vendéen. Tout annonçait l'importance de l'action qui s'engageait, et Danton avait vu juste en choisissant un général de talent, très propre à rétablir la tranquillité publique par la diplomatie autant que par les armes. Certes, la mission de l'armée était tout offensive, car seule l'offensive procure des résultats définitifs. Mais au drame le plus rapide il faut un prologue. Comment celui-ci eût-il pu se passer du sien ? Le personnel manquait de tout savoir, de tout entraînement, de tout encadrement, le matériel faisait défaut, le désaccord était profond entre les différents éléments appelés à le jouer.

Biron (1) se rendit auprès de la Commission centrale le 4 juin, et dans une réunion trop nombreuse pour que le secret de délibération pût être gardé, vit maintenir le principe de l'action concentrique. Il s'y rangea, tout en se réservant de ne tenter pareille aventure qu'après s'être constitué une masse principale à Niort, où il rentra sans tarder, ayant apaisé non sans peine une violente mutinerie des bataillons de Paris.

Ses premières inspections lui montrèrent quelle somme d'efforts restait à dépenser avant que d'entreprendre la moindre action sérieuse, tant le « chaos » était profond où il était chargé de mettre de l'ordre.

(1) A.-L. de Gontaut-Biron, duc de Lauzun, décapité le 31 décembre 1793.

Etat chaotique matériel et moral de l'armée.

Sans consistance, sans fidélité, sans confiance en ses chefs ou en elle-même, remuée de passions contradictoires, l'armée républicaine de Vendée éveille, à cette époque, l'idée d'une sorte de cristallisation informe, en perpétuelle effervescence, en perpétuel travail de transformation. Les unités abondent, mais abandonnent leurs quartiers sans autorisation (1), comme elles y arrivent sans avis préalable et dans un absolu dénuement, ignorant jusqu'à leur effectif, d'où un gaspillage incroyable de matériel et de vivres (2).

Pour encadrer ces rassemblements incohérents, où des jeunes gens âgés de moins de 18 ans ont pour toute arme une fourche, et qu'engendre avec une si regrettable abondance la levée en masse, pas d'officier de métier. Peu de généraux, pas de chefs de corps, les capitaines de la formation d'Orléans promus au grade supérieur ont dû être remplacés à l'aventure. D'état-major, aucun ; le général en chef fait tout par lui-même et se noie dans les détails. Faute de véhicules, la formation d'un convoi nécessite une réquisition préalable et bruyante, propre à informer l'adversaire aussi sûrement que pouvait le faire l'antique Cartel en usage au temps des Valois. Logé le plus souvent chez l'habitant, faute d'un nombre de tentes assez considérable (3), le soldat laissé sans surveillance, emplit les cabarets, vend jusqu'à ses vêtements pour boire. La générale battue, six heures durant, dans les rues de Niort, le matin même de la prise de commandement de Biron, réunit à peine le dixième de l'effectif.

La cohésion morale laisse encore plus à désirer peut-être que la cohésion matérielle. Le conflit va s'avivant entre la Division de Saumur et celle de Niort, sœurs rivales, ennemies même depuis la venue de Ronsin, et cela moins encore par une conception différente de la tactique à suivre que par l'opposition

(1) Les chefs ne pouvaient se faire obéir. « Créés par leurs inférieurs », ils n'en imposaient pas à ceux-ci qui n'en faisaient pas plus de cas que l'on ne fait ordinairement de sa créature ». *Jolicler, volontaire aux armées de la Révolution*. Paris, 1905, p. 66.

(2) Le 1er juin Biron *croit* avoir 16 à 17.000 hommes d'infanterie ; la veille il en avait reçu un « millier » par petits paquets, le soir même il lui en arrivait 1.900.

(3) Le général de brigade Joly rend compte le 25 juillet 1793 que le 14e bataillon de Paris (311 hommes) *campe* « avec » 7 tentes. Le 14e bataillon de la Charente qui a 464 hommes compte 11 tentes [Armée ouest, Sections I, archives G.].

ardente de principes politiques que nourrissent leurs états-majors. Sans en référer au général en chef, la Commission centrale de Saumur nomme aux grades et aux emplois. Son arrêté du 14 juin a promu adjudant-général le chef, brave mais violent jusqu'au délire, de la 35e Légion de gendarmerie, et Ronsin, l'inspirateur de ce décret, passe pour avoir surtout cherché à humilier l'ancien duc de Lauzun le Roué, l'hôte autrefois si goûté de Trianon, dont il s'est promis d'obtenir la chute.

La Commission tient tête aux pouvoirs publics eux-mêmes. Non contente d'accaparer le principal des renforts et du matériel, elle fixe, de sa propre autorité, que les troupes de son ressort toucheront l'indemnité réservée par le gouvernement aux seules unités de la frontière. Comme la Division de Niort ne jouit pas du même avantage, une nouvelle source de récriminations jaillit, du même coup, dans l'informe « ramassis » où Biron s'efforce, avec tant de peine, d'amalgamer les vieilles troupes avec les nouvelles, si peu affermies dans l'obéissance, encadrées d'officiers provisoires, lesquels font l'opposition la plus vive à leur dépossession, et ne rentrent que par la force dans les rangs qu'ils contribueront dès lors à désorganiser encore davantage.

Quel état-major eût entamé une entreprise avec des troupes en pareil état de défaillance (1) ? Seule pouvait enrayer le mal cette terrible sévérité dont la Convention finira par ordonner l'application au soldat, après l'avoir presque exclusivement déployée dans l'origine contre les chefs d'un ordre élevé. Mais les temps ne sont pas encore venus où Carnot s'écriera : « Le Code pénal ne suffit pas. Si tout soldat qui vole même une épingle n'est pas fusillé sur-le-champ, nous sommes perdus. »

Biron se résoud donc à attendre. Il temporisera. Par des inspections nombreuses, des objurgations, des harangues, de trop rares exemples, il tentera de munir ses bandes de la force que ne sauraient remplacer ni le nombre, ni le matériel perfectionné, ni l'enthousiasme le plus ardent : la discipline. Un mouvement qu'il a ordonné le 20 juin, s'est effectué dans un désordre inexprimable !

Perte de Saumur.

Cependant, Thouars et Fontenay, aussitôt abandonnés que

(1) Leur conduite est un assemblage d'actions tantôt belles, tantôt honteuses. Il est impossible de songer à aucune conquête suivie avec des troupes de ce genre. (Rapport de Carnot au Comité, 1er juin 1793).

repris, les Vendéens, retournés vers le nord, paraissaient préoccupés de relier leurs opérations à celles des insurgés de la rive gauche.

Leygonier, derrière le Layon, couvrait Saumur avec 3.500 hommes appuyés à Concourson et aux Verchers. Après un succès partiel à Vihiers, le 4 juin, les Vendéens prirent son contact. En avant de Concourson, au centre du dispositif républicain, était une forte batterie de 15 pièces sur la butte des Rochettes. Stofflet la tourne, dessine un mouvement débordant par la droite, et La Rochejaquelein un autre par la gauche. Leygonier doit se retirer sur Doué-la-Fontaine, où se trouvent quelques positions avantageuses. Sa division s'y reforme. Cathelineau et La Rochejaquelein la tournent encore, culbutent la droite, la suivent dans les rues de Doué. La gauche, qui gagnait sur Stofflet, voyant le repli d'une partie du corps de bataille, abandonne son artillerie. En vain la réserve tient-elle ferme. Tout s'effondre.

Combat de Concourson (5 juin).

Déroute de Doué (7 juin).

Les catholiques gagnent alors Montreuil-Bellay ; Salomon (1), avec 3.600 hommes venant de Thouars et appelés à Saumur par Duhoux, vient se heurter à eux dans la nuit du 8. Il est repoussé en désordre.

Combat de Montreuil-Bellay (8 juin).

La route de Saumur est complètement libre : l'armée d'Anjou, à laquelle Lescure amène les Poitevins, y engage aussitôt ses 40.000 hommes. Obéissant à l'idée préconçue qu'ils arriveront par la route de Doué, le général de Menou nommé commandant en chef par Carra (2) munit avec un soin particulier la redoute de Bournand, élevée à l'intersection de cette première chaussée avec celle de Montreuil, et sur le bourrelet de hauteurs renflé en avant du pont Fouchard, unique point où se franchit le long couloir du Thouet. Il contribuait en somme à faire le jeu de l'attaque en garnissant prématurément des tranchées où les troupes devaient rester fixées pendant toute la journée sans grande utilité. Sur le front sud, Santerre occupe le secteur de Varrans et sa redoute. Berthier (3) tient le château. Neuf mille hommes de troupes médiocres et 66 pièces de canon défendaient, en somme,

Marche des Vendéens sur Saumur.

(1) Salomon, lieutenant-colonel en retraite, général de brigade, suspendu le 30 septembre 1793.

(2) Arch. G. (armée de l'Intérieur C^{ex} 5/1) Réquisition du 9 mai 1793. Carra laissait à Leygonier la liberté de retourner dans le Midi.

(3) L. A. Berthier, maréchal de camp, chef d'Etat-major de la Division de Saumur, le futur prince de Wagram.

trois secteurs mal reliés entre eux et simplement munis de retranchements rapides.

Prise de Saumur (9 juin).

Vers 4 heures, le 9 juin, l'assaillant parut, mais, non point sur la rive gauche, sur la droite. Tournant le front bien défendu de Bournand, il avait passé le Thouet au pont de Saint-Just, vers Montreuil-Bellay. Une ligne épaisse de tirailleurs le couvrait. Sa première colonne (Cathelineau et La Rochejaquelein) se dirigea sur le château, la seconde (Stofflet) prit pour objectif la redoute de Varrans, la troisième (Lescure et la cavalerie) le pont Fouchard, afin de couper du reste de l'armée les défenseurs de Bournand, vers lesquels agissait déjà une forte diversion de Bonchamps.

Berthier, déployé en avant du château, fait tête avec vigueur, et deux bataillons d'Orléans exécutent une contre attaque résolue. Mais La Rochejaquelein prend à revers la redoute de Varrans dont les défenseurs se retirent, tournés également qu'ils sont sur leur droite où Santerre recule. Bientôt, les issues mêmes de la ville deviennent le théâtre d'une mêlée ardente.

Vers Bournand, Coustard (1) immobilisait facilement la démonstration de Bonchamps, mais bientôt on lui signale l'ennemi sur ses derrières, vers le pont Fouchard que défendent quelques canons. Pour récupérer sa liaison avec la ville, il lance ses cuirassiers. Le lieutenant-colonel Chaillou de la Légion germanique charge la cavalerie vendéenne, la repousse, lui tue son chef Dommaigné. Les pièces sont reprises aux royalistes, mais ceux-ci courent encore aux canons. Les cuirassiers chargent de nouveau. Coustard veut les faire soutenir. Son 5e bataillon de Paris refuse de marcher, crie à la trahison, menace le général de mort. Quelques cuirassiers restent encore. Désespéré, Coustard leur crie : « Allez ! — Où ? dit le colonel de Weissen — A la mort ! le salut de la République l'exige. » Et Weissen de se précipiter.

Tant d'efforts doivent rester inutiles, car le front sud est déjà forcé. Coustard se retire sur Angers en bon ordre. A 8 heures, le reste de l'armée républicaine s'enfuyait par les ponts de la Loire abandonnant 5.000 prisonniers, 60 canons, 2.000 fusils, 50.000 livres de poudre. Cinq jours de bataille lui coûtaient 11.000 prisonniers.

Nantes menacée. — Plan de Biron.

La tradition montre La Rochejaquelein, à Saumur s'écriant

(1) G. Coustard de Saint-Lô ; général de division, suspendu en octobre 1793.

tout songeur : Nos succès me confondent ! « Rien en effet, dit Napoléon, n'eût arrêté la marche des armes royales, si, à ce moment, la Vendée se fût tournée vers Paris (1). » A la chance d'une pareille opération, très préconisée par La Rochejaquelein et Stofflet, délicate évidemment avec des soldats d'une discipline aussi fantasque, incapable d'un long effort (2), l'Etat Major vendéen, présidé par Cathelineau promu généralissime, préféra une tentative sur Nantes. Une victoire, c'était le littoral subjugué, la liaison certaine avec la Bretagne, le Maine, la Normandie, l'ouest peut-être tout entier en feu.

Cathelineau nommé généralissime.

Biron, comprenant la gravité de la situation et conscient de son impuissance, ne songea qu'à sauvegarder les côtes et sa liaison avec Nantes. Dans ce but, il résolut de tenir Montaigu, excellente position intermédiaire, avec ses 8.000 meilleurs soldats. Quatre mille hommes à Machecoul avec Boulard, et deux forts détachements à La Châtaigneraie et à La Roche, nœud vital de la Vendée militaire, constitueraient les échelons intermédiaires du masque qu'il s'efforcerait d'interposer entre la mer et l'insurrection. Il ne pouvait davantage. Niort, son magasin, Saint-Maixent, sa manutention, Les Sables, son point d'appui maritime, que 3.000 gardes girondins pouvaient abandonner d'une heure à l'autre en dépit de tous les efforts, devaient absorber le reste de ses moyens. Il avait l'approbation complète du Comité de Salut public, lequel, au lendemain de la déroute de Saumur, avait décidé la chute du ministre Bouchotte et le rappel de Ronsin. Le représentant Gasparin, envoyé de Paris enquêter sur les rivalités qui divisaient Saumur et Niort, approuvait complètement sa conduite et le déclarait seul capable de finir cette guerre désastreuse (3).

Plans de Saumur (11 et 25 juin).

Désobéissant une fois encore au pouvoir central, la Commission de Saumur, refugiée à Tours, n'en adopte pas moins successivement deux plans (le 11 et le 25), entièrement distincts du sien. Par le dernier en date, Niort devait envoyer 3.000 hommes remplacer la garnison de Tours, qu'absorberait en passant la division de Saumur, dirigée par la rive droite de la Loire, au secours de Nantes. Avec le reste de son monde, Biron ferait une diversion sur le Thouët.

(1) Mémorial 3/202.

(2) La désertion devint impossible à arrêter parmi les paysans désireux de revoir leurs fermes. En vain les chefs firent-ils des excursions dans le bocage pour ramener les paroisses. D 2 2/216 et passim.

(3) V. 2/193

Soutenu par les représentants Jard-Panvilliers, Auguis et Lecointe-Puyraveau, Biron protesta vivement. Un pareil empiètement lui semblait insoutenable. Il se refusa, d'une façon nette, à évacuer les embouchures de la Sèvre Niortaise et de la Charente, à laisser libres la côte et les communications de la Vendée avec le Midi, à abandonner La Rochelle enfin, la clef du pays entre Loire et Gironde (1).

Dans un esprit de conciliation, il accepta toutefois d'envoyer un secours de 3.000 hommes à la division de la Loire (2). Mais, les bras liés du côté de Montaigu, et se considérant dès lors comme incapable de se relier à Canclaux, il expédia sa démission au Comité, le 25, la renouvelant le 27.

Deux de ses bataillons et sa 35e Légion de gendarmerie partirent donc pour Tours. Au passage à Saint-Maixent, le commandant du détachement, Rossignol, s'emporta en propos si outrageants envers le général en chef, que l'énergique et bouillant commandant de la place dut le faire arrêter à la tête de ses propres soldats. Westermann qui prenait, par cet acte, une responsabilité des plus dangereuses, revenait d'une expédition dans laquelle il avait surpris Lescure dans Parthenay et forcé les paroisses du Haut-Poitou à se retirer en désordre sur Châtillon-sur-Sèvre. Elles s'y étaient arrêtées, prêtes à donner la main à l'armée du Centre massée dans Chantonnay, pour contenir Niort pendant l'opération sur Nantes.

Combat de Parthenay (25 juin 1793).

Attaque de Nantes.

La menace contre Nantes se faisait grave. Les Vendéens étaient entrés dans Angers le 19 juin, et Charette, qui venait de s'emparer de Machecoul et de pousser une de ses divisions jusqu'aux portes de la grande ville, aux Sorinières, sortait de son particularisme et avait promis son concours. A ses 10.000 hommes, Lyrot joindrait 5.000 paysans du Loroux; 15.000 fusils opéraient donc sur la rive gauche, durant que 30.000 hommes de la Grande Armée s'avanceraient par celle de droite. Pour renforcer sa très faible garnison, Canclaux appela

(1) Cette énergie, au dire d'un des écrivains patriotes les plus documentés qui aient écrit sur la guerre de Vendée, « sauva la République et restreignit les destinées de l'insurrection. » V. 2/301.

(2) C'était tout ce qu'il pouvait faire ayant, sur 15.617 disponibles, 2.609 non armés, 2.000 sans instruction, 4.000 dans Saint-Maixent et dans Niort, 2.000 destinés aux Sables.

de Lorient quelques soldats du 34ᵉ, de Rennes 300 hommes du 39ᵉ, de Brest 500 du 109ᵉ fraîchement débarqués des Antilles. La Garde nationale se prépara très activement ; Cavaignac (1) et Gillet (2) déléguèrent leur collègue Merlin (3) vers la Convention ; Philippeaux se mit à parcourir les environs en quête de renforts, requérant tout ce qui pouvait contribuer à la défense. Perdre Nantes, c'était perdre le centre politique et militaire de l'ouest entier.

Sur la rive gauche, siège de faubourgs peu importants, on organisa la tête de pont de Pirmil ; sur la rive droite, où l'Erdre découpe la ville en deux secteurs inégaux, desservis par les routes de Paris et d'Ancenis d'une part, par celles de Guérande et de Brest de l'autre, les issues furent fermées d'épaulements garnis de bouches à feu. On mit en état l'antique château de la ville. Celui de la Moroussière à l'entrée du faubourg d'Ancenis, et celui de la Sauzinière, sur la route de Rennes, devinrent des avancées. De l'amalgame des troupes de ligne avec les volontaires on forma trois demi brigades ; la garnison atteignit dès lors 3.000 hommes.

En cet état Nantes ne constituait pas, à vrai dire, un système beaucoup plus solide que celui de Saumur ; mais le chef expérimenté qui devait diriger sa défense et si rapidement distinguer le point d'attaque principal, son commandant de place Beysser, de talents militaires médiocres mais de bravoure entraînante, son maire Baco de la Chapelle, énergique et résolu, lui constituaient des éléments de force morale inappréciables. En attendant l'attaque, elle détacha 1.500 hommes au fort d'Aux pour garder ses communications avec la mer, et 600 gardes commandés par le commandant Meuris (4) à Nort, en amont du confluent de l'Erdre, point de franchissement forcé entre les deux secteurs septentrionaux.

Combat de Nort (18 juin).

A peine à son poste, ce bataillon fut attaqué par d'Elbée, en marche avec Cathelineau, vers le secteur ouest. Sa très belle résistance permit l'entrée dans Nantes d'un fort convoi de poudre, et rendit impossible l'accord entre les diverses colonnes

(1) J.-B. Cavaignac, député du Lot, en mission en Bretagne.

(2) P.-M. Gillet, député du Morbihan, en mission près des Côtes de Brest.

(3) Merlin (de Douai), député du Nord, en mission près l'armée des Côtes de Brest. Directeur à la place de Carnot au 18 Fructidor.

(4) Meuris, ferblantier, commandant le 1ᵉʳ bataillon des Gardes Nationaux nantais.

assaillantes. Charette seul ouvrit le feu, le 28, à 2 heures du matin, comme il était convenu. D'Elbée se déploya à 7 heures seulement. Canclaux lui fit tête en personne, comptant sur l'infatigable Beysser pour rayonner sur tous les points de la circonférence, surexciter les bonnes volontés, et tenir en échec la colonne plus faible de Bonchamps engagée contre le château de la Moroussière. D'Elbée attaqua en effet avec beaucoup de détermination. L'avancée de la Sauzinière échappa bientôt au 109e. La hauteur des récoltes, l'épaisseur des haies, leur nombre facilitaient l'action enveloppante vendéenne soutenue par une forte batterie placée sur les hauteurs de Barbin. Mais l'artillerie républicaine, bien commandée par l'adjudant général Billy, parvenant à prendre la supériorité du feu vers 10 heures, une contre-attaque du 109e fit replier d'Elbée.

Attaque de Nantes (29 juin).

A l'est, l'avancée de la Moroussière tient également avec solidité. Lyrot parvient à jeter une partie de son monde sur la rive droite dans la grande prairie de Mauves. Avec Fleuriot l'aîné, il s'empare d'une fraction du quartier de Richebourg. Rapidement Beysser tire de la tête du pont, qu'amusait seulement Charette, un bataillon complet. Il l'entraîne, tue Fleuriot, rejette Lyrot dans les prés. A midi l'attaque paraît définitivement jugulée de ce côté.

Mais à l'ouest les Vendéens ont repris. Mousqueterie et canon font rage. Cathelineau, très aimé des paysans, les encourage de son exemple. Talmont et d'Elbée parcourent les rangs à cheval, et obtiennent un acharnement et une constance redoutables. Canclaux, le maire Baco, le conventionnel Coustard (1), Beysser, le plus bel homme de France, monté sur un superbe cheval drapé d'une peau de tigre, se multiplient. On est face à face. Par quelques pointes hardies, les républicains reprennent des haies et des jardins.

Cathelineau tente alors un effort suprême. S'entourant de ses paroisses des Mauges et des compagnies suisses et allemandes, il s'élance. Aux cris de « Vive la religion ! » la barricade de Rennes tombe. Les Vendéens pénètrent sur la place Viarmes. Le 34e accourt en vain. La situation devient de plus en plus critique. Cependant le 109e tient encore les débouchés Est de la place.

(1) Coustard de Massy, député de la Loire-Inférieure, décapité le 6 novembre 1793.

SITUATION VII

En juin 1793, l'« armée de Saumur » était ainsi composée :

Général en chef : DUHOUX, général de division (malade).

LA BAROLIÈRE, général de division commandant par intérim.

Chef d'Etat-Major : BERTHIER, maréchal de camp.

Avant-garde. — MENOU, général de division (FABREFONDS, DUTRUY, BARBAZAN, GAUVILLIERS :

Infanterie	4.173	hommes
Cavalerie	1.630	—
1re brigade. — Général SANTERRE	4.100	—
2e brigade. — Général JOLY	1.758	—
3e brigade. — Général CHABOT	2.258	—
Réserve. — Général BURAC	4.118	—

(Arch. Guerre, Côtes de La Rochelle, carton I).

SITUATION VIII

En juillet 1793, la division LA BAROLIÈRE était ainsi composée :

Avant-garde. — Général FABREFONDS :

Brigades FABREFONDS et DUTRUY	1.164 hommes
Brigade GAUVILLIERS	411 —
Brigade BARBAZAN	918 —
1re brigade, SANTERRE..................	2.611 hommes
2e brigade, JOLY	1.072 —
3e brigade, CHABOT	1.147 —

dont 463 sans armes.

En août 1793, la brigade Boulard était ainsi composée :

Infanterie :			
3.733 présents	677 détachés	1.005 aux hôpitaux	7.415 hommes
Artillerie :			
352 présents	13 —	30 —	395 —
Cavalerie :			
346 présents	346 —	72 —	497 —
		Total...	8.307 hommes

Ses détachements sont : Les Sables, La Chaise, Saint-Gilles, Le Pas-au-Peton, Le Fenouillet, La Croix-de-Vie, Le Port-du-Piret (6 hommes).

A ce moment, un tailleur, de sa fenêtre, ajuste le généralissime et l'abat mortellement blessé. L'ardeur des royalistes s'arrête. Jusqu'à 8 heures, le feu s'entretient cependant très vif. Il s'éteint, vers 9 heures, sans que les troupes exténuées songeassent à la poursuite. Charette continuera même à bombarder les faubourgs du sud jusqu'au 30.

Plan d'invasion par Nantes et Niort.
Dernières opérations de Biron. — Sa chute.

Pendant ce temps une diversion de l'armée du Centre sur Luçon échouait complètement. Le Comité de Salut public rappelait Ronsin, donnait carte blanche (1) à Biron, dont l'offre de démission était refusée. L'insubordination extrême d'une division qui, « tout en ne tenant compte de rien, confisque à son profit tout ce qui est envoyé de Paris », paraît définitivement maîtrisée.

Première bataille de Luçon (28 juin 1793).

Biron résolut de tenter, de concert avec Canclaux, l'invasion par Nantes et Niort; Boulard, en occupant Machecoul, relierait les deux armées opérantes, celle de Brest pénétrant par la Sèvre Nantaise, celle de La Rochelle, par Chantonnay et Montaigu, appuyée par deux échelons intermédiaires postés à La Roche et à La Châtaigneraie ; Westermann, sur le flanc droit, menacerait Cholet par Châtillon.

Les représentants n'approuvèrent pas ce plan, excellent cependant. Biron se rendit à Saumur. La situation y était déjà modifiée : dans un voyage à Paris, Choudieu avait retourné complètement le Comité dont Danton, protecteur du général, venait de sortir ; Ronsin, de nouveau très en faveur, recevait une Commission de général de brigade (1er juillet).

Cependant Canclaux rejoignit lui-même Saumur avec Merlin (de Douai), Cavaignac et Gillet. Le Conseil de guerre du 10 juillet arrêta une offensive sur Cholet. Niort réduite cette fois à la défensive pure, contiendrait Lescure et Charette.

Mais de mauvaises nouvelles survinrent. Westermann, laissé libre d'opérer vers la haute Sèvre, avait brûlé le château de Clisson (2) (2 juillet), et, par la victoire des Moulins-aux-Chèvres (3 juillet), pris possession de Châtillon, capitale politique de la Vendée. Il y avait conquis six pièces de canon et un drapeau,

(1) Lettre de Biron à Barère.
(2) Château de Lescure.

avait brûlé la Durbellière (1) le 4 juillet et s'apprêtait à se porter sur Cholet, quand les chefs vendéens, revenus de Nantes, l'avaient soudain attaqué dans sa position du mont Gaillard. Il lui avait fallu se faire jour l'épée à la main et abandonner treize bouches à feu. Enfin Boulard était complètement paralysé par l'abandon définitif de ses bataillons bordelais, redouté depuis longtemps.

Bataille du Mont Gaillard (Châtillon) (5 juillet).

Biron repartit précipitamment pour Niort. Il y trouva une citation à la barre de la Convention, une dénonciation du président de la Commission de Saumur (2) l'accusait de lenteurs calculées. Westermann, également rappelé, partageait momentanément la disgrâce de son chef. Rossignol, lui, mis en liberté le 10 juillet, général de brigade, le 12, était promu général de division huit jours après.

(1) Château de La Rochejaquelein.
(2) V 2/345.

CHAPITRE V

ARMÉE DES COTES DE BREST :
Quartier général : NANTES.
CANCLAUX, général en chef.

ARMÉE DES COTES DE LA ROCHELLE :
Quartier général : SAUMUR.
ROSSIGNOL, général en chef
(27 juillet - 29 septembre).

Le 27 juillet, la Convention, dominée par l'hébertisme, nommait Rossignol général en chef de l'armée des Côtes de La Rochelle. Très brave, actif, mais pillard, sans élévation morale, animé d'une véritable fureur politique, l'ancien commandant de la 35e Légion de gendarmerie n'avait rien qui légitimât une aussi prodigieuse fortune, dont il lui arrivait, dans des moments de retour sur lui-même, de rechercher les raisons. Il la devait à Ronsin, désireux de le diriger dans la pénombre et d'en faire « sa manivelle », pour employer la formule pittoresque du représentant Rewbell. Dans la région vendéenne, les patriotes exprimèrent leur stupéfaction de voir arriver au commandement en chef un homme aussi mal apprécié (1).

L'Assemblée avait voté en même temps une nouvelle levée en masse de 15 à 50 ans dans les départements circonvoisins et une série de mesures violentes propres à creuser encore plus profond l'abîme entre Saumur, leur approbateur enthousiaste, et Niort qui les désapprouvait au contraire (2).

Exécution de l'offensive sur Cholet.

La disparition de Biron n'amena point l'abandon du mouve-

(1) Bourdon (de l'Oise) et Goupilleau. V 2/530.
(2) Elles ne furent appliquées que par Turreau.

ment offensif arrêté. Le général de la Barolière (1) prit la direction de l'armée de Tours, réorganisée par Berthier. De Brissac il gagna Martigné-Briand, repoussa difficilement Bonchamps et La Rochejaquelein qui vinrent le surprendre au centre de son dispositif, vers les Fontaines de Johannet, puis se concentra sur la ligne Montilliers-Vihiers où la division Menou vint prendre position.

Surprise de Johannet (15 juillet).

Cette dernière y est attaquée le 17, et son chef blessé doit céder le commandement à Santerre. Celui-ci dispose ses troupes de la façon la plus défectueuse. Sans espace pour manœuvrer, sans liaisons mutuelles possibles, adossées à des ravins, ses trois brigades doivent livrer une série de combats isolés qui aboutissent à un désastre. Leur déroute entraîne celle des divisions d'arrière, qui courent plusieurs lieues abandonnant çà et là 5.000 hommes et 25 canons.

Désastre de Vihiers (18 juillet).

Le général Duhoux proclame aussitôt l'état de siège à Angers, jette 1.500 hommes dans les Ponts-de-Cé, avec poste avancé de 600 hommes à La Roche-de-Mûrs sous le commandant Bourgeois. D'Autichamp, avec une partie de la division Bonchamps, se présente le 26 juillet. Le commandant Bourgeois résiste avec énergie, refuse de se rendre, et, forcé, se jette dans le Louet. Les Ponts-de-Cé tombent aux mains des vainqueurs, dont l'entreprise constituait une diversion destinée à favoriser les opérations dans le sud, vers Luçon.

Dévouement du commandant Bourgeois et perte des Ponts-de-Cé (26 juillet).

Opérations de la division de Niort.

Le général Tuncq (2), successeur de Sandoz (3), observait Royrand que couvrait Sapinaud, en première ligne au Pont-Charron. Audacieux et désireux d'agir, il avait pris l'offensive, sabré Sapinaud, pénétré dans Chantonnay, et rentrait à Luçon ayant tué un chef de talent, pris trois drapeaux et un important butin.

Prise de Chantonnay (25 juillet).

Royrand appelle à lui la Grande Armée, et d'Elbée, toujours partisan d'une action vers le sud et surtout vers Luçon dont la possession eût ouvert l'accès de la côte et la communication avec le midi, assemble 15.000 paysans.

(1) J. de la Barolière de la Garde de Stanislas, destitué en 1793.
(2) A. Tuncq, capitaine de Garde Nationale, général de brigade en juin 1793.
(3) Sandoz, accusé de faiblesse à l'attaque de Luçon le 28 juin, avait été traduit devant le tribunal révolutionnaire, qui l'acquitta.

Tuncq déploya ses 6.000 hommes à 2 kilomètres en arrière de la Simagne garnie d'avant-postes, et sur un terrain relativement nu, ses flancs appuyés à un village et à un bois. Désorientés par la nature du sol, les Vendéens ne montrèrent pas leur entrain ordinaire. Les deux ailes républicaines, solidement épaulées, tinrent bon. Un instant, le centre plia. Tuncq, enlevant sa réserve, fonce sur les royalistes, les repousse en désordre jusqu'aux passages de la Simagne, où l'intervention de la cavalerie du prince de Talmont réussit à enrayer la poursuite.

Deux jours après, Boulard, qui avait maintenu sa situation malgré le départ des bataillons girondins, battait l'armée de Retz au Pas-au-Peton, La Cathelinière échouait dans une tentative sur le fort d'Aux, et La Rochejaquelein, qui couvrait les récoltes du côté de Doué, était vivement ramené de Montfort jusqu'à Concourson.

Combat du Pas-au-Peton (2 août).

Combat de Montfort (5 août).

Troisième bataille de Luçon (14 août).

Dans une deuxième tentative contre Luçon, d'Elbée veut venger cette série d'insuccès. Charette, cette fois, se joint à lui. Sur les mêmes positions que le 30, Tuncq reçoit une attaque faite sans concert. Une manœuvre par échelons, la gauche en avant, tentée sous l'influence de Lescure et supérieure aux moyens des paysans, augmente leur désordre. Par l'emploi heureux d'un groupe d'infanterie et de pièces légères évoluant rapidement avec adresse, et l'intervention opportune de la réserve appuyée de l'artillerie à cheval et de la cavalerie, Tuncq arrive à rompre complètement l'ordre de bataille de ses adversaires. Encore une fois, le dévouement de La Rochejaquelein et de d'Elbée, acharnés à combattre au pont de Mainclaie, empêche la défaite de se changer en déroute meurtrière.

Tuncq, poursuivant cependant son succès, enlève Chantonnay le 14, les Quatre-Chemins le 16. Il retranchait le camp des Roches, le 30 septembre, quand il reçut l'annonce de sa destitution obtenue par Hazard et Grammont (1), en mission auprès de lui, et qu'il avait mal accueillis.

Révocation de Rossignol (24 août).

Par trois fois en six semaines, les Vendéens avaient montré leur incapacité radicale à opérer en terrain découvert ; le désaccord commençait à pénétrer dans leurs rangs et dans

(1) V. 2/437.

l'Etat-Major divisé sur les raisons réelles des échecs. Le nouveau commandement débutait donc sous de brillants auspices. Pour combiner une nouvelle action générale concentrique, Rossignol se rendit à Fontenay. Là, sa conduite chez son hôte donna lieu à une accusation si caractérisée de pillage (1), que, par un arrêté du 24 août, les représentants Goupilleau (de Fontenay) et Bourdon (de l'Oise) (2) le suspendirent. La Convention cassa le décret en même temps qu'elle suspendait elle-même comme ci-devants les généraux La Barolière, d'Ayat, Menou et de Verteuil (3). La Gironde succombait en ce moment. Beysser, à Nantes, qui lui avait montré de la sympathie, se voyait également révoquer. La direction des affaires, en Vendée, allait revêtir désormais une apparence toute révolutionnaire.

Combat des Naudières (5 sept. 1793).

Pendant ce temps, une suite d'opérations secondaires se déroulait autour de Nantes, où Canclaux établissait un camp aux Naudières et tenait tête à Charette qui vint l'assaillir le 5 sur la ligne Vertou-Les Sorinières-Les Naudières. Mieszkowski (4), successeur de Boulard, refoulait Joly, commandant du camp sous les Sables, et poussait jusqu'à La Roche. Mais le général Lecomte (5), successeur de Tuncq, et qui avait pris Marceau pour adjudant général, attaqué le 5 par d'Elbée dans son camp des Roches, était refoulé avec perte sur Chantonnay et entraînait la retraite de tout le système.

Combat des Roches ou de Chantonnay (5 sept. 1793).

Arrivée de l'armée de Mayence.

Le 1er août, le Comité décrétait l'envoi dans l'ouest des garnisons de Valenciennes et de Mayence, inutilisables sur les frontières par stipulation spéciale de la capitulation. L'intervention de 20.000 hommes d'élite et de généraux, véritables types d'honneur militaire, les Haxo (6), les Beaupuy (7), les Kléber,

(1) Il était accusé de s'être emparé des chevaux de Biron et d'avoir pillé la maison d'un émigré où il avait passé la nuit. V. 2/531.

(2) Bourdon (de l'Oise) de la commission de Saumur envoyé à Niort pour porter à Biron des questions posées par elle.

(3) Remplacé par Lechelle le futur successeur de Rossignol.

(4) J. O. Mieszkowski, polonais au service de la France. Aide de camp de Biron en 1792, remplace Boulard mort de fatigue le 29 novembre 1793, remplacé lui-même après le combat de Saint-Fulgent.

(5) Lecomte, chef du bataillon volontaire vendéen : Le Vengeur. Adjudant général après Luçon (28 juin), tué à Châtillon.

(6) J. Haxo, conseiller au bataillon de Saint-Dié, major général des Gardes Nationaux, tué aux Clouzeaux (mars 1794).

(7) Michel de Beaupuy. V. 3/100. Enterré sous le Fort Mortier, près Neuf-Brisach (H[t]-Rhin).

SITUATION IX

Situation au 29 septembre 1793.

Armée de Mayence.

Sortie le 23 juillet 1793 à l'effectif de 18.675 hommes de Mayence, sous la condition de ne pas servir durant un an contre les alliés, dispersée par amalgame dans l'armée de Rossignol du 30 octobre au 6 novembre 1793.

Commandant en chef : AUBERT DU BAYET.

Avant-garde. — Général de brigade KLÉBER	3.346 hommes	4 canons
1re Division. — Général de brigade VIMIEUX	5.382 —	12 —
2e Division. — Général de brigade BEAUPUY	1.541 —	3 —
Réserve. — Général de brigade HAXO	1.122 hommes	5 canons

SITUATION X

En octobre 1793, l'avant-garde de l'armée de Mayence, commandée par Beaupuy, assisté de trois adjudants généraux et de trois adjoints, comprenait 186 officiers, 3.346 hommes de troupe et 4 canons ; elle se décomposait ainsi :

Légion des Francs (à pied)	14 officiers	335 hommes
— (à cheval)	2 —	35 —
Chasseurs de Cassel	18 —	416 —
— de la Côte d'Or	2 —	84 —
— de la Charente	5 —	95 —
7e Bataillon d'infanterie légère	3 —	49 —
1er Bataillon de grenadiers	35 —	528 —
2e —	33 —	693 —
2e Bataillon du Jura et 13e Bataillon de la Nièvre	24 —	408 —
4e Bataillon du Haut-Rhin	30 —	342 —
7e Bataillon des Vosges et 13e Bataillon des Vosges	18 —	319 —
Artillerie et 4 canons.	2 officiers	42 hommes

(Extrait de l'*Histoire des Guerres des Vendéens et des Chouans*, par Savary).

allait renverser l'équilibre qui jusqu'ici avait penché du côté des royalistes.

Le général Aubert du Bayet (1), leur chef, assisté par Merlin de Thionville, fit son entrée, le 30, dans Saumur. Quelle armée allait absorber ce contingent précieux et s'assurer la collaboration d'un pareil instrument d'offensive ?

L'ardeur des convoitises égala l'importance de l'enjeu disputé. Canclaux affirma le principe de l'attaque principale par Nantes, Rossignol défendit celui de l'invasion par Saumur-Angers combinée avec l'éternelle étreinte concentrique, si souvent esquivée par un adversaire entraîné à la déjouer en restant toujours ramassé et prêt à faire balle.

Avantages de l'offensive par Nantes.

Outre qu'elle émanait d'une grande ville, d'un véritable emporium doté d'un arsenal et d'une fonderie de canons, une offensive partie de Nantes s'appuyait à une solide tête de pont constituée par les positions de Villeneuve au centre, de Vertou ou du lac de Grandlieu aux ailes, et dont Canclaux travaillait depuis l'origine à s'assurer la possession. Puis elle disposait, à partir de Clisson, du couloir naturel de la Sèvre. Trois routes permettaient la sortie : celles de Machecoul, de Légé et de Montaigu. Par les deux dernières, on se reliait à la division des Sables qui tendait elle-même la main vers la Roche-sur-Yon aux troupes de Niort. Le seul faible de l'opération était d'exposer le flanc droit à Charette, et le gauche aux troupes du Loroux, assez bien commandées. Cependant, Canclaux, général expérimenté, pouvait y parer et mettre dans les mouvements de l'armée une méthode et un ensemble absents jusqu'ici.

Rossignol ne voulant rien abandonner de son programme, le Comité du Salut public chargea un grand conseil de guerre de trancher la question. A Saumur, le 2 septembre, onze députés et autant de généraux, décidèrent l'adoption du plan Canclaux.

Les deux généraux en chef contresignèrent donc le plan de campagne particulier de leur collègue (2), et s'engagèrent à un soutien mutuel. Les deux armées devaient s'ébranler ensemble,

(1) J. Aubert du Bayet, V. 2/15.

(2) Cette pièce importante est conservée aux Archives de la Guerre, carton 5/2, n° 13 de l'inventaire.

tout en restant indépendantes dans leur sphère particulière. Funeste compromis !

La déconvenue des enragés de Saumur fut extrême. Ronsin s'agita beaucoup à Paris, mais en vain, et les deux armées s'apprêtèrent à opérer sur un même théâtre de guerre, sans que l'unité d'action fût assurée par autre chose qu'une sorte de charte, de sous-seing privé, dont aucune sanction n'inspirait le respect. La question primordiale dans toute entreprise de guerre, celle du commandement, toujours laissée si flottante en Vendée jusqu'à ce jour, allait encore se compliquer d'une rivalité très aiguë d'influences, de vues, de passions entre deux états-majors, dont l'un se voyait invité à faire le jeu de l'autre, à lui assurer toute la gloire du succès. Rossignol, réduit à une défensive active, aurait-il, pour jouer un pareil rôle, l'esprit militaire consommé, le souci du bien public, l'élévation d'âme nécessaires ?

Opérations de l'armée de La Rochelle.

L'armée des Côtes de La Rochelle s'ébranla le jour convenu. Les deux divisions (Santerre et Duhoux), formant ce que l'on était convenu d'appeler l'armée de Saumur, obéissant à l'impulsion provisoire de Ronsin remplaçant Rossignol malade, avaient fait un large appel à cette levée tumultuaire dont Barère, trompé par Ronsin, avait dit, à la barre de la Convention, qu'elle avait produit 400.000 hommes en 24 heures, alors que 50.000 gardes nationaux seulement avaient rejoint, trop nombreux encore, presque tous armés de piques et chaussés de sabots.

Le 6 septembre, la brigade d'avant-garde (Turreau) s'emparait d'Erigné, que reprenaient aussitôt La Rochejacquelein et d'Autichamp, pour le reperdre encore. Ces affaires et quelques autres de moindre importance, dont une de Stofflet à Doué le 14, retardèrent de quelques jours l'offensive générale qui reprit vers le 16 septembre.

Déroute de Coron (18 septembre)

Le 18, Santerre, avec 16.500 hommes dont 10.000 appelés en masse, débouchait de Coron, s'égrenant sur 3 lieues de long. L'ennemi paraît. L'avant-garde se replie aussitôt sur le village où les éléments qui suivent viennent s'engouffrer à leur tour. Santerre appelle toute son artillerie, et, dans l'unique rue, fantassins et canons s'enchevêtrent, entrent dans la plus grande confusion. Les Vendéens, formés en croissant, s'accrochent à leurs flancs et les paralysent, 12 pièces tombent entre leurs mains. Les malheureux levés en masse jonchent de leurs piques la ligne de retraite.

Santerre s'effondrait ainsi devant une simple couverture de 2.000 hommes laissée par d'Elbée, en train de concentrer ses forces contre Canclaux. Une seconde colonne de même effectif observait la 2e division républicaine. Les deux chefs, Piron (1) et le chevalier du Houx (2), réunis dès le lendemain de l'affaire de Coron, attaquent le général Duhoux. Celui-ci recule jusqu'au Pont-Barré, et, tourné par Cady, s'y voit forcé. La cavalerie vendéenne fait une horrible boucherie de la levée en masse angevine. L'armée de Saumur est immobilisée pour un temps assez long.

Défaite du Pont-Barré (19 septembre)

Chalbos, doublé lui aussi de la levée en masse des districts de Fontenay, de Saint-Maixent et des Sables, et très embarrassé par cette multitude amorphe, avait occupé cependant La Châtaigneraie, le 16, comme il avait été convenu au Conseil de guerre du 2 septembre, tandis que son lieutenant Rey, qui avait péniblement sauvé Thouars, le 14, des conséquences d'une déroute de ses appelés tumultuaires (3), avait gagné Bressuire dans les conditions prévues.

De même, la division de Luçon (Lecomte) arrivait jusque dans Chantonnay, et Mieskowski réussissait à conduire sa division (2.500 hommes) à Saint-Fulgent au jour dit. Toute cette marche en avant, facilitée par la concentration des Vendéens vers Mortagne, s'était donc déroulée d'une façon normale. Excepté du côté de Saumur, la première partie de son programme se trouvait réalisée, en somme, par l'armée des Côtes de La Rochelle.

Opérations de l'armée des Côtes de Brest.

La sortie de Nantes s'était faite, d'une façon très méthodique, sur plusieurs colonnes se soutenant bien, et dans le meilleur ordre. Une surveillance constante et le soin de n'arrêter les troupes qu'en dehors des localités et dans les champs clos empêchèrent la maraude si démoralisante. Canclaux choisit les routes de Légé et de Machecoul, moins directes que celle de

(1) Piron, émigré, tué à Savenay.

(2) Chevalier du Houx, beau-frère de d'Elbée, neveu du général républicain Duhoux.

(3) V. 3/45.

Clisson, mais permettant une soudure plus rapide avec Mieszkowski, c'est-à-dire avec la gauche de l'armée de La Rochelle,

Le centre du dispositif gagna le château de Villeneuve, Vertou et La Roulière pour constituer une solide position de repli, pendant que les Mayençais, contournant le lac de Grandlieu, prenaient Charette à revers, le chassaient devant eux, nettoyaient le Marais et assuraient la sécurité du flanc droit. Le 10, ils prenaient Port-Saint-Père ; le 16, Montaigu ; le 17, Clisson. En huit jours la Basse-Vendée était réduite, et l'armée — 45.000 hommes — prête à pénétrer comme un coin jusqu'à Cholet, par la vallée de la Sèvre.

Conversant alors sur sa gauche (Grouchy), qui observait le Loroux, le général Canclaux, dès le 18 septembre, portait sa droite (Beysser) sur Montaigu en lui prescrivant de pousser jusqu'à Tiffauges, une des clefs du long couloir qu'allait suivre le centre dans le mouvement offensif, puis lançait Kléber en avant-garde avec 2.000 hommes sur Torfou par Boussay.

Défaite de Torfou (19 septembre)

Le 19, Kléber rencontre un gros poste de Vendéens dans Torfou. Il le bouscule, débouche sur le plateau ouvert à la sortie du bourg ; une forte division ennemie sort des couverts de la route Cholet-Tiffauges, et lui reprend le plateau. Un retour offensif des Mayençais rétablit le combat.

Mais le nombre des Vendéens grossit sans cesse. Toute l'armée catholique est là, (1) Lescure à gauche, d'Elbée au centre, Bonchamps à droite, Royrand en réserve dans Tiffauges, où les maraîchins de Charette viennent d'être repoussés tout à l'heure. Bientôt ceux-ci en sortent, ramenés au combat par les femmes qui suivent en poussant des cris aigus. Kléber se déploie contre eux, Merlin de Thionville prend par la gauche.

La lutte s'engage sur tout le front. Comme la batterie républicaine placée à l'aile gauche semble insuffisamment protégée au chef d'Etat-Major, celui-ci prescrit à un bataillon de l'extrême droite de se porter vers elle. Le mouvement s'exécute avec précipitation. Il fait croire à un commencement de repli. Les lignes Mayençaises fléchissent un instant.

Le recul de ces soldats d'élite exalte les Vendéens. Ils sentent leurs destinées en suspens. Une immense clameur de triomphe leur échappe. « Quatre cents braves pour mourir avec

(1) Tous les chefs s'y trouvaient, moins La Rochejaquelein blessé précédemment à l'attaque d'Erigné.

moi », s'écrie Lescure, et 1.700 paysans lui répondent aussitôt ; Bonchamps, blessé, se fait porter au cœur de la tourmente.

Kléber, blessé lui aussi dès le début, voit le critique de sa position. Il se multiplie. « Il grandit de 20 coudées (1). » On le voit partout. Boüin de Marigny, l'Achille des Mayençais, et le représentant Merlin de Thionville, si brave, font de leur côté de prodigieux efforts pour dégager les pièces. Peines inutiles ! A ce moment l'armée du Centre se précipite pour couper la retraite aux républicains.

Kléber appelle à lui le commandant Chevardin, lui montre le mouvement si menaçant : « Va à ce pont, arrête l'ennemi, ne fût-ce qu'une heure, meurs s'il le faut. — Oui, mon général ». Puis il recule par échelons. Deux heures durant, avec un calme parfait, fusillée de tous côtés par les Vendéens emportés d'enthousiasme et qui utilisent les talus innombrables, la retraite se fait de position en position. Harcelés, décimés, les Mayençais font tête avec le plus grand courage. De son côté, vers le chemin creux, appelé depuis le Chemin des Morts, Chevardin met à « succomber le temps indispensable ». Dans Gétigné, Canclaux, accouru au canon, recueille enfin les restes de son avant-garde.

Le surlendemain, Beysser (2) est surpris dans le coupe-gorge de Montaigu, d'où il avait omis de sortir en temps voulu. Bousculé par Charette et d'Elbée, il perd 14 pièces et 12 caissons. **Défaite de Montaigu (21 septembre)**

Ce jour même, Mieszkowski, toujours dans Saint-Fulgent, recevait de Rossignol l'ordre de battre en retraite. Il en avisait Canclaux et s'apprêtait, quand l'ennemi paraît en force, l'accable, lui enlève 20 bouches à feu. **Défaite de Saint-Fulgent (22 septembre**

Canclaux n'avait plus qu'à se retirer.. Ses derrières étaient parfaitement assurés. Le 19, la 2e brigade de Mayençais (Beaupuy) avait, dans ce but, mis la main sur le château de la Galissonnière. Trois tentatives d'une division vendéenne acharnée à la poursuite, et dont l'action principale eut lieu à Tournebride, (22 septembre), échouèrent complètement devant les bonnes dispositions prises par le général en chef.

C'était Bonchamps, auquel son intelligence des choses militaires avait clairement montré que les Vendéens ne devaient pas se laisser distraire par des opérations secondaires, telles que le

(1) Kléber, disait Napoléon, grandit de vingt coudées dans le danger.

(2) Beysser ayant confessé à la barre de la Convention son erreur d'un moment avait été rétabli dans son commandement, sa défaite de Montaigu le conduisit à l'échafaud, 13 avril 1794.

combat de Saint-Fulgent, sans influence possible sur le résultat final, et que leur objectif principal, en la circonstance, était le gros de l'armée des Côtes de Brest, entamée par son échec de Torfou, et complètement laissée à l'abandon par l'armée sœur des Côtes de La Rochelle.

Le contre-ordre de Rossignol.

L'échec complet d'une opération qui s'annonçait si bien avait été amené par un contre-ordre de Rossignol. Expédié le 16 à Chalbos, (c'est-à-dire deux jours avant les déroutes de Coron et de Pont-Barré), successivement communiqué sur toute la circonférence aux divisions des Côtes de La Rochelle, ayant touché Chalbos le 16 à La Châtaigneraie, et Mieszkowski le 20 seulement, parce que son auteur avait mal calculé le temps nécessaire à la transmission, ce contre-ordre serait inexplicable si on n'en cherchait l'origine dans la psychologie intime des enragés de Saumur. Bien que sa responsabilité soit nettement reportée par Rewbel et Philippeaux sur Rossignol (1), il semble plus équitable d'en charger Ronsin. Aucun double n'en fut gardé, mais un arrêté des représentants Fayau et Bellegarde en établit nettement l'existence (2). Une fois encore l'expérience montrait le vice de la dualité du commandement, vice incurable quelles que soient les personnalités en cause, leur souci du bien public ou leur sensibilité aux suggestions de l'honneur. « On ordonne à ses inférieurs, on ne peut que traiter avec des égaux » (3). Des négociations pareilles à celles entamées à Saumur le 2 septembre n'ont jamais donné que de mauvais résultats, elles en produisirent de désastreux en cette circonstance, étant donnée l'infirmité morale de certains de leurs auteurs.

Deuxième plan Canclaux.

Canclaux, à peine rentré dans Nantes, reprit ses projets d'offensive. Pénétré des défauts de son premier plan, et s'estimant dégagé de tout ménagement envers Rossignol, il adopta cette fois comme bases d'opérations la Sèvre Niortaise et Nantes. Revenant très sagement à la conception de Biron et du Comité du Salut public d'intercepter les Côtes en se conservant La

(1) V. 3/120-163-206.
(2) V. 3/80-81.
(3) Maréchal Jourdan.

Rochelle et Rochefort, il résolut de tenir, en coopération étroite avec Chalbos, les deux positions maîtresses de la Vendée : Montaigu et surtout la Roche-sur-Yon. Dans la première de ces villes et à La Châtaigneraie, se formeraient deux bases d'opérations secondaires rapprochant les deux masses opérantes que sépareraient 35 lieues de Bocage.

Le 25 septembre, Canclaux quittait Nantes avec 10.000 hommes environ, marchant avec méthode, couvert par des groupes épais de tirailleurs, occupant successivement tous les défilés, formé en profondeur de façon à faire face de tous les côtés, suivant que les Vendéens, si mobiles, se présenteraient par le front, sur les flancs ou les derrières. Le 27, il entrait dans Montaigu et Clisson sans combat, et Kléber, le 3 octobre, de Saint-Fulgent, lançait un coup de sonde des plus hardis dans le Bocage. Pour entrer en liaison avec Chalbos, Marigny et Merlin avec 30 cavaliers seulement gagnèrent Chantonnay, puis Sainte-Hermine, et joignirent Chalbos qui ne promit son concours que pour la fin de la quinzaine.

Canclaux, réduit à ses seules forces, avait devant lui le corps principal vendéen, dont il ignorait l'effectif exact, et sur son flanc droit Charette établi à Légé. La masse principale ennemie paraissait se concentrer vers Mortagne. Sur la gauche, le Loroux menait une simple petite guerre d'escarmouches.

Pour se fixer complètement sur la situation générale, Canclaux décida une reconnaissance offensive vers les Treize-Septiers. Trois colonnes parallèles se mirent en marche. Une réserve, à deux heures en arrière, les reliait avec le reste de l'armée laissé à Montaigu pour parer tout mouvement des Maraîchins sur la droite, ou du Loroux sur la gauche.

Combat des 13 Septiers ou de Saint-Symphorien (6 oct. 1793).

Bien soutenues, bien appuyées mutuellement, elles obtinrent un brillant succès sur d'Elbée à Saint-Symphorien, le poursuivirent jusqu'aux approches de Tiffauges, et rentrèrent dans Montaigu, sachant désormais où était l'armée catholique. Mais sa révocation parvenait, sur ces entrefaites, au général Canclaux. A la suite d'une dénonciation faite par Ronsin au Club des Jacobins, le Comité de Salut public avait décidé le renouvellement complet des deux Etats-Majors. Grouchy, Mieszkowski, Aubert du Bayet, Canclaux disparaissaient ; Rossignol passait au commandement des Côtes de Brest ; Ronsin à celui de l'armée révolutionnaire de Paris ; Santerre à Orléans et Turreau aux Pyrénées-Orientales comme divisionnaire.

Dans une harangue véhémente, Barère s'était écrié : « Trop de représentants ! Trop de généraux ! » D'où enfin une mesure excellente propre à donner les meilleurs fruits : une seule armée, dénommée de l'Ouest, recevait la ville de Nantes avec toute la rive droite de la Loire, et un chef unique.

CHAPITRE VI

ARMÉE DE L'OUEST :

Quartier général : NANTES.

LÉCHELLE, général en chef

(8 octobre-31 octobre 1793).

La nouvelle armée de l'Ouest comptait deux divisions, celle des Côtes de La Rochelle sous Chalbos, celle des Mayençais sous Kléber. Malheureusement le choix du chef unique ne répondait pas au concept qui l'avait institué. Ronsin, marqué déjà par Robespierre pour la guillotine, avait encore eu l'influence suprême de faire nommer (1) un nouveau Rossignol « sans la bravoure » (2), Léchelle (3), que, le 9 novembre, le représentant Carrier (4) faisait reconnaître aux 11.000 hommes réunis à Montaigu. Le soir même, Kléber exposait, dans un conseil de guerre, ce qui restait à tenter pour pénétrer jusqu'à Cholet, et Léchelle approuvait le plan de son prédécesseur en termes propres à ne laisser aucun doute sur sa profonde ignorance.

Opérations de la division Chalbos.

Deuxième combat du Moulin-aux-Chèvres (9 oct. 1793).

La division de La Rochelle (Chalbos), moins 4.000 hommes laissés à Luçon (général Bard), rejoignit dans Bressuire, le 7 octobre, une partie de la division de Saumur, puis au nombre de 11.000 hommes avança sur Châtillon. Lescure l'attendait avec 6.000 catholiques sur les hauteurs du Moulin-aux-Chèvres.

Les Grenadiers-gendarmes de la Convention entamèrent l'ac-

(1) V. 3/169.
(2) Kléber, *Mémoires*.
(3) Léchelle, maître d'armes à Saintes, chef de bataillon de volontaires, mort le 11 novembre 1793.
(4) Carrier, député du Cantal, décapité le 16 décembre 1794.

tion qui amena la retraite de Lescure jusqu'aux portes de la ville, où il tenta une deuxième résistance inutile (1).

Bataille de Châtillon (11 oct. 1793).

Comme Chalbos en sortait, le 11, marchant sur Cholet, il se heurta aux contingents de Bonchamps et de d'Elbée, venus de Torfou et désireux de maîtriser cette diversion pour se consacrer tout entiers aux Mayençais. Après une sanglante journée qui coûta la vie au général Lecomte et 25 canons, l'armée dut regagner Bressuire en désordre. Mais, dans la nuit, Westermann, ralliant un millier d'hommes, revient sur Châtillon. Les Vendéens vainqueurs ne se gardent pas. Il les surprend, en fait un grand carnage, brûle la ville et se retire, laissant les survivants dans la plus grande consternation, et dépossédés de l'ascendant moral que leur avait valu leur victoire du 11.

Opérations de la division de Mayence.

Cependant Haxo ayant été laissé contre Charette, qui ne s'était pas joint aux autres chefs vendéens, la division des Sables et celle de Luçon (général Bard) reçoivent l'ordre de marcher sur Saint-Fulgent. Blosse (2), avec 17 compagnies de grenadiers, est envoyé jusqu'au carrefour de l'Oie à leur rencontre ; il les rejoint, inflige, aux Herbiers, un échec à l'armée du Centre en retraite, s'empare du mont des Alouettes, puis entre dans Mortagne le 14. Kléber y arrivait lui-même le lendemain par Tiffauges ; il dirigeait en fait les opérations, les représentants lui ayant donné la tutelle discrète de Léchelle.

Prise de Mortagne (14 octobre).

L'armée était aux portes de Cholet, se renforçant au fur et à mesure de son avance au cœur du pays, et constituant une masse principale dont l'effet devenait de proche en proche irrésistible, grâce à la prévoyance et à la sagesse de Canclaux, comme aussi à l'unité d'action qu'assurait l'effet d'une direction unique.

Chez les Vendéens, l'absence d'un pareil élément de force apparaissait de plus en plus. Le généralissime n'obtenait qu'une obéissance relative. Sous l'influence de la défaite, la discorde grandissait. Charette expéditionnait seul contre Noirmoutier. Chacun préconisait un plan particulier. Occupé de la réunion générale de ses forces, de l'évacuation du matériel sur Beau-

(1) C'est là que mourut en brave le général Chambon, ancien dragon du Languedoc en criant : Vive la République ! Je meurs pour la patrie.

(2) L. Blosse, adjudant général, qui valait à lui seul un bataillon, disait Canclaux, fut tué à Entrammes, 28 octobre 1793.

préau, soucieux de s'assurer un point de passage sur la Loire en cas d'échec, détachant pour ce soin le comte d'Autichamp vers Saint-Florent, d'Elbée se résolut cependant à disputer l'accès de la capitale catholique à Kléber.

Combat de la Tremblaye (15 oct. 1793).

Le premier choc eut lieu sur la route de Mortagne. La droite, (division de Luçon) attaqua d'Elbée posté sur les hauteurs du château de La Tremblaye ; son général, atteint de deux blessures, dut abandonner le commandement à Marceau. A gauche, les Mayençais avaient en face d'eux Lescure, établi en avant du village de Saint-Christophe-du-Bois. Beaupuy, en le délogeant, décida du gain de la bataille, à la fin de laquelle Lescure fut frappé à mort. Rejetés, les Vendéens traversèrent Cholet et gagnèrent en hâte Beaupréau, laissant seulement La Rochejaquelein avec quelques canons sur l'esplanade du château de la ville, et une barricade sur le pont de la Moine, au contact duquel l'armée bivouaqua.

Bataille de Cholet (17 oct. 1793).

Le 16, au matin, elle le franchissait. Quelques éclaireurs, lancés jusqu'au May, le 17, annoncent le retour de 30 à 40.000 catholiques. Rapidement Kléber se déploie. Les Mayençais de Vimeux, à droite, s'appuient au château du Bois-Grolleau, Haxo, à gauche, à celui de la Treille, tous deux encadrant la division de Luçon moins solide et placée à Bégrolles. Chalbos, dont l'arrivée, à minuit, portait l'effectif général à 23.000 hommes, masse sa division en réserve générale à la Haie, sur la rive gauche de la Moine. L'avant-garde (Beaupuy) forme une avancée dans les landes de la Papinière.

Vers une heure, une épaisse et unique colonne s'approche, chasse Beaupuy des landes. Stofflet s'abat sur Vimeux en passant par Le Pontereau, Marceau est attaqué par d'Elbée et Bonchamps, Haxo, par La Rochejaquelein. Une bataille générale s'engage, acharnée ; la frénésie particulière aux luttes intestines atteint vite son paroxysme. Les Vendéens se battent comme « des tigres, les soldats comme des lions » (1). Vimeux plie, perd son parc, Marceau doit reculer jusqu'aux premières maisons de la ville. Kléber appelle une partie de la réserve. La division de Saumur (Müller) s'ébranle, mais, à peine en vue de l'ennemi, se débande, prise de terreur panique, s'enfuit à travers Cholet, repasse le pont de la Moine dans le plus complet désordre, entraînant le représentant Carrier. Le centre des paysans touche à la lisière.

(1) Le champ de manœuvre actuel du 77ᵉ d'infanterie fut témoin de cet épisode.

Mais le désordre de la ligne vendéenne est extrême. Kléber saisit l'instant. Du château de la Treille, par une coulée de terrain, un bataillon du 109e exécute une contre-attaque vigoureuse, musique en tête ; il aborde le flanc droit des assaillants ; il le refoule. Toute la ligne républicaine reprend. Beaupuy enlève la cavalerie de Mayence au galop. Marceau reforme la division de Luçon. Les Vendéens reculent aux cris répétés de : A la Loire !

Soudain, il est 6 heures, le feu redouble. Des landes de la Papinière, d'Elbée surgit à la tête de ses meilleurs compagnons et des compagnies suisse et allemande. Marceau les reçoit avec sang-froid, démasque ses canons dissimulés derrière l'infanterie, et arrête le retour offensif. La nuit va tomber. Dans le jour finissant la dernière passe d'armes de la grande guerre s'engage et revêt un caractère particulièrement impressionnant.

Les chefs réputés des deux partis, tous les preux de la lutte fratricide sont là, pleins de la détermination la plus ardente, enflammés de désespoir ou de joie : Marceau et Kléber, La Rochejaquelein et Bonchamps, Beaupuy et Stofflet, Sapinaud et Blosse (1), Forest et Dubreton (2). Bonchamps tombe bientôt mortellement atteint, puis d'Elbée percé de nombreuses blessures. Définitivement rompus, les Vendéens courent, en dissolution complète vers Beaupréau (3).

Dès le lendemain, Westermann les y suivait, s'emparait d'un matériel considérable, y apprenait le passage de la Loire à Saint-Florent par les Vendéens. Une reconnaissance d'officiers, fournie par la légion des Francs, confirmait bientôt cette grave nouvelle, et ramenait 4 ou 5.000 prisonniers sauvés, par la générosité de Bonchamps, d'une mort certaine,

(1) Blosse, l'adjudant général dont Canclaux disait qu'à lui seul il valait un bataillon.

(2) Dubreton, chef de bataillon des grenadiers, devait s'illustrer en 1813 par la défense de Burgos contre Wellington.

(3) Ce dernier épisode s'est passé à la ferme de Bégrolles sur le terrain occupé par la gare de Cholet.

PREMIÈRE VENDÉE

II

L'OUTRE-LOIRE [1]

(18 Octobre 1793. — 23 Décembre 1793)

(1) La tournée de galerne des paysans (Galerne : Nord).

L'OUTRE-LOIRE

(18 octobre 1793-23 décembre 1793)

CHAPITRE I

ARMÉE DE L'OUEST :

Quartier général : NANTES.

LÉCHELLE, général en chef.

Le passage de la Loire par les quatre corps vendéens de Bonchamps, de La Rochejaquelein, de Lescure et de Royrand, portait la guerre sur un territoire nouveau en pleine fermentation. Le soulèvement, partiel jusqu'ici, de la Bretagne, de la Normandie, du Maine pouvait se généraliser. Par suite il fallait se lancer dans les traces du vaincu, lui enlever sans aucun retard la possibilité de se refaire, profiter de sa démoralisation, en augmentant encore la perturbation profonde introduite dans ses rangs par son expatriement subit, par la perte de tant de chefs importants et aimés : Lescure (1), d'Elbée, Bonchamps ; par l'extraordinaire confusion de la foule éperdue de vieillards, de femmes, d'enfants, de traînards de toute sorte qui se bousculaient à sa suite (2).

Léchelle perdit plusieurs jours à Beaupréau. Les Vendéens eurent le temps de se réorganiser et d'élire un nouveau généra-

(1) Lescure devait mourir à Vitré des blessures reçues à La Tremblaye, d'Elbée après avoir été soigné à Landebaudière dut se faire transporter à Noirmoutier.

(2) 60.000 hommes armés et 20.000 femmes, vieillards et enfants D. 3/79, V. 3/236, D. 3/62.

lissime à la place de d'Elbée transporté mourant à Noirmoutier. Ce fut La Rochejaquelein : l'intrépide « Monsieur Henri », qui, jetant sa vie au vent avec une sorte d'ivresse, était devenu l'idole des siens . Plein de bravoure et d'entrain chevaleresque, il possédait, à 21 ans, les facultés nécessaires à la conduite de la masse confuse des 30.000 fusils, 1.200 sabres et 32 canons, soudain rangés sous ses ordres. Mais sa grande jeunesse lui enlevait toute autorité dans le conseil. Très opposé au passage du fleuve, il n'avait pu faire prévaloir son avis. Rarement, dans la suite, se fit-il écouter par Stofflet, par le prince de Talmond, par le curé de Saint-Laud, dont il finit même par subir la domination (1). Au combat, en revanche, chacun se ralliait à lui. La marche sur Rennes, qui ouvrait l'espoir de soulever la Bretagne entière, fut résolue finalement par lui.

Poursuite de l'armée vendéenne.

Le 19 octobre, Léchelle finit par communiquer son ordre de mouvement. L'avant-garde légère (Beaupuy) puis, à distance, la division de Luçon (Canuel) suivirent les traces des Vendéens par les Ponts-de-Cé et Angers. Le gros de l'armée chemina vers Nantes. La division Haxo resta dans Beaupréau pour rassembler le matériel conquis et tenir en échec le seul chef resté debout sur la rive gauche : Charette. Les deux passages principaux de la Loire étaient ainsi protégés, mais, une fois encore, l'armée se dispersait. Que l'ennemi se portât sur Paris ou sur la Normandie, il lui était possible, en se conformant à sa tactique ordinaire et rationnelle, si souvent couronnée de succès, de se retourner successivement contre chacune des colonnes républicaines et de les culbuter.

Combat de la Croix-Bataille (25-26 oct. 1793)

Vers Laval, où les Vendéens étaient entrés malgré les Gardes nationales rassemblées à la hâte, Beaupuy prit le contact, puis attendit, dans une expectative prudente, que le reste de l'armée l'eut rejoint. Mais Westermann, son ancien, avait pris les devants du corps principal et survint. Il revendiqua le commandement, voulut attaquer sans tarder. Une opération de nuit à La Croix-Bataille échoue complètement, ~~coûte la vie à l'intrépide~~ Blosse, et amène la retraite sur Château-Gontier, où, le 26, l'armée se retrouve constituée par l'arrivée de la colonne de Nantes.

(1) L. R. J. page 277.

Dès le lendemain, Léchelle dirigea ses trois divisions contre l'armée vendéenne retranchée sur la position d'Entrammes, aux portes de Laval, et cela en une lourde colonne énorme et unique. Ce dispositif, « marqué au coin de la plus crasse ignorance (1) », empêcha tout déploiement, toute manœuvre. Un essai de mise en bataille, contrariée encore par le terrain, mit le désordre dans la division de queue (Chalbos). Stofflet la charge, la rompt. La deuxième division (Müller) lâche pied comme elle l'avait déjà fait à Cholet. Beaupuy est blessé grièvement. Léchelle donne l'exemple de la retraite la plus précipitée, et ne s'arrête qu'au Lion-d'Angers, ayant perdu 19 canons et 4.000 hommes. Bataille d'Entrammes (27 octobre).

Chute de Léchelle. — Intérim de Chalbos

L'incapacité du général en chef avait amené et accru le désastre ; il fut révoqué et l'intérim confié au général Chalbos. Sur les conseils de Kléber, on réintégra, le 30, Angers, où l'ordre ministériel parvint d'amalgamer entre eux les différents corps, afin de donner plus d'homogénéité à l'ensemble. Il n'y eut plus de divisions de Mayence, de Bressuire ou de Luçon, et l'armée de l'Ouest se composa dès lors ainsi :

Avant-garde légère : général Boüin de Marigny (2).
1re Division, général Müller (3) : brigades Chabot et Legros.
2e Division, général Kléber : brigades Marceau et Canuel (4).
Réserve : général Klingler.

L'avant-garde légère comptait environ 1.600 chasseurs à pied et 160 à cheval, la réserve 1.500 fusils, chaque division alignait 7 à 8.000 hommes, l'armée entière 16.000 environ. Une brigade (général Chamberting) avait été poussée en liaison par l'armée de Brest à Craon.

La Rochejaquelein faisait de même, il se réorganisait, répartissait son monde en cinq divisions : d'Autichamp (5), Piron (6),

(1) Kl. 245.
(2) Boüin de Marigny, officier de cavalerie en 1789, général de brigade en 1793, tué près Angers.
(3) F. Müller, ivrogne et incapable, était un ancien danseur de l'opéra. V. 2/327, Kl. 254.
(4) S. Canuel, lieutenant de volontaires, général de brigade en 1793, disgracié sous l'Empire, devait se retrouver dans les rangs des Vendéens en 1815.
(5) Ch. Cte d'Autichamp, chargé de préparer le passage de la Loire, futur général en chef de 1832.
(6) Piron, émigré rentré, le vainqueur de Santerre à Coron, tué à Savenay.

Royrand (1), des Essarts (2), Villeneuve du Cazeau (3) ; le prince de Talmond prenait la cavalerie : 1.200 sabres ; Marigny, l'artillerie : 50 canons. Stofflet remplissait les fonctions de major-général. Mais, en dépit de ses efforts, les formations régulières devaient rester éphémères. De même qu'il n'avait pu faire prévaloir l'avis des Poitevins : rentrer en Vendée, laisser la division Bonchamps sur la rive droite et, de concert avec elle quand le moment serait venu, marcher sur Nantes, de même le jeune généralissime ne put-il imposer son encadrement. En fait, les meilleurs paysans reprirent vite l'habitude de se grouper à ses côtés et autour de Stofflet. Tous deux réunissaient 12.000 hommes et quelques pièces à l'avant-garde. Le reste de l'élite marchait à l'arrière-garde avec Forest qui veillait à la sûreté de Lescure, transporté sur un brancard par ses soldats.

Entre ces deux groupes armés, la multitude, à pied ou en charrette, roulait dans le plus grand désordre, épuisant les vivres sur son passage. Réduite le plus souvent aux fruits et couchant dans la boue, elle ne tarda point à contracter une dysenterie infectieuse dont elle contamina les localités traversées, qu'elle affamait en outre, et indisposait par son indiscipline.

Combat de Craon (29 octobre).

Quoi qu'il en soit, se retournant contre la brigade Chambertin, La Rochejaquelein la bouscula à Craon et, grossi de quelques milliers de Chouans (Jean Cottereau) et de Bretons venus à lui (Boisguy), mais ayant fait peu de recrues en somme parmi les populations mancelles, il marcha vers la Bretagne le 1er novembre.

(1) L'ancien général de l'armée du Centre.

(2) Des Essarts, un des chefs de l'armée du Centre.

(3) De Villeneuve du Cazeau, de l'ancienne armée d'Anjou, fusillé après Savenay.

CHAPITRE II

ARMÉE DE L'OUEST :

Quartier général : RENNES.

Général en chef : ROSSIGNOL.

L'armée, lancée à la poursuite, parvint le 13 novembre à Vitré, où le général Rossignol (1) prit le commandement des deux armées réunies, des Côtes de Brest et de l'Ouest, renforcées d'une division des Côtes de Cherbourg, soit 20.000 hommes en tout.

A ce moment les Vendéens sortaient de Dol, qu'ils avaient gagné par Fougères et Antrain, et s'étaient renforcés eux-mêmes de quelques recrues bretonnes (2) qui furent rattachées à la division de Jean Cottereau. Des dépêches venues d'Angleterre avaient décidé le conseil militaire supérieur royaliste à enlever un port de mer, pour entrer en communication avec la flotte britannique, œuvre supérieure aux moyens d'une foule inorganisée, plongée dans une confusion chaque jour croissante, sans matériel de siège, découragée, irrésolue, d'heure en heure plus lasse, regrettant amèrement des foyers dont elle ne pouvait s'éloigner, autrefois, plus de trois jours consécutifs.

Siège de Granville (14 novembre)

Granville était le port menacé. De Rennes, en hâte, on y envoya le général de brigade Peyre, lequel, aidé du représentant Le Carpentier en mission dans le département, organisa rapidement la défense. La garnison, forte de 5.500 hommes environ, n'attendit pas les Vendéens ; elle sortit à leur rencontre, puis, rentrée dans la place, répondit avec énergie à la première attaque.

(1) Dont la réputation, dit Kléber dans ses Mémoires, était alors en raison inverse de ses moyens ; de son côté Rossignol trouvait Kléber trop militaire, V. 3/450.

(2) Dont le morbihanais de Cadoudal. L'armée vendéenne depuis Laval avait recruté de 10 à 12.000 hommes. D 2 3/173.

Un second assaut, tenté vers 10 heures du soir, échoua, ainsi qu'un troisième donné le lendemain matin. Après vingt-six heures de combat, La Rochejaquelein dut abandonner 2.000 morts et presque tout son canon. Très inquiet de la concentration des républicains à Rennes, il résolut de s'enfoncer en Normandie. Une mutinerie de ses soldats l'en empêcha ; il gagna donc la ville d'Avranches, couvert en avant par Cottereau placé à Pontaubault, et par Lyrot en flèche à Pontorson.

L'armée de Rossignol était massée à Antrain, une brigade (Tribout) avec 10 canons tenait Dinan, fermant le chemin de la Bretagne, une autre (Sépher) des Côtes de Cherbourg, postée dans Villedieu, interdisait celui de Caen. La position des royalistes, démoralisés et sans artillerie, était fort critique.

Opérations autour de Dol.

Combat de Pontorson (18 novembre)

Mais, le 18 novembre, l'incapable général Tribout (1) sort, sans ordre supérieur et sans nécessité, de son poste de Dinan, marche contre les Vendéens, traverse Pontorson évacué par Lyrot et arrive jusqu'à Pontaubault. Jean Chouan en sort, le bouscule sur Pontorson encombré d'un parc considérable qu'on a massé dans l'unique rue. Une réplique de la déroute de Santerre à Coron, livre aux royalistes treize canons et des caissons, et leur ouvre la route de Dol.

Ils s'y précipitent, en quête de subsistances, et s'y trouvent aussitôt dans une sorte de souricière, entre la mer sur leurs derrières, Dinan sur la droite, Pontorson à leur gauche, Antrain en avant, occupés par les républicains et rapidement mis en état de défense. Kléber veut les y forcer par quatre colonnes s'appuyant mutuellement et prononçant une offensive convergente qui avait les plus grandes chances de réussir.

Les représentants entrent dans ces vues, la mise en train commence quand un exprès de Westermann paraît. Le bouillant général annonce qu'ayant occupé Pontorson le 20 avec la brigade légère, il va dans la nuit se jeter sur Dol ; il demande qu'on le soutienne par une division sortie d'Antrain. Venant après celle de Tribout, cette initiative inconsidérée montrait la faiblesse du commandement suprême. Elle trouva néanmoins chez les repré-

(1) Tribout, tambour-major au 92ᵉ, général de division en 1793, destitué en septembre 1794, réemployé comme chef de bataillon. V 3/174.

SITUATION XI

Armée de l'Ouest

En novembre 1793, les garnisons de Tours, Saumur, Cholet, Thouars, Doué-la-Fontaine, absorbent respectivement 2.185, 3.730, 3.962, 1.602 et 610 hommes, soit 12.089 hommes dont 577 artilleurs et 550 cavaliers.

L'état relatif à la garnison de Cholet signé Carpentier, adjudant-général chef d'état-major du général Commaire, accuse un manque d'homogénéité bien éloquent. Voici la décomposition de ce détachement :

Infanterie

4e bataillon d'Orléans	307 hommes
9e — —	438 —
Bataillon de l'Unité	341 —
Les 5 sections réunies	293 —
8e bataillon de la Somme	301 —
6e bataillon Charente-Inférieure	266 —
2e bataillon République	190 —
4e bataillon Maine-et-Loire	449 —
14e bataillon de Paris	147 —
Bataillon de Saint-Antoine	342 —
3e bataillon de Paris	224 —
6e bataillon de Paris	324 —
Compagnie de Pionniers	52 —
31e division de gendarmes	27 —
	3.701 hommes

Cavalerie

La Charente-Inférieure	21 hommes
Les Deux-Sèvres	15 —
La Vendée	8 —
La Corrèze	12 —
4e escadron	45 —
Mayenne et Sarthe	75 —
La Vienne	26 —
Le Lot	6 —
8e de hussards	53 —
	261 hommes

SITUATION XII

Le bataillon « Le Vengeur » arrive fin 1793 à Cholet et fournit, de cette garnison, au commandement la situation suivante :

Etat actuel et effectif du bataillon « Le Vengeur » en exécution de la loy du 8e jour de frimaire an II.

Désignation du Corps	Arme	Numéro	Composition du Corps	Nombre des hommes	Nombre de chevaux	Date de la formation	Noms des départements où la levée a été faite	Armée et cantonnements
Le Vengeur	Infanterie	1	890	789 hommes	5	19 mai 1793	Deux-Sèvres 521 hommes Charente 264 hommes Vienne 105 hommes	1° de l'Ouest 2° Cholet

La colonne des observations contient la note suivante : — « Non embrigadé. — Lors de la levée du 21 février, le département de la Vendée étant en insurrection, les autorités du département des Deux-Sèvres firent des réquisitions aux départements et districts voisins pour avoir du secours. Pour arrêter la révolte, le département des Deux-Sèvres avait mis en mouvement les contingents de la levée de 300.000 hommes. Les départements de la Charente et le district de Lusignan envoyèrent au secours de leurs voisins partie de leur contingent de cette levée. Ces contingents se réunirent à un petit nombre d'hommes du 3e bataillon des Deux-Sèvres, échappés des affaires de Thouars et de Bressuire, et de cette réunion se forma le bataillon à Fontenay-le-Peuple, sous la dénomination et à la date indiquée. Sur le nombre de 789 porté à l'effectif, il s'en trouve 264 à l'hôpital, 234 absents à la suite des affaires que le bataillon a soutenues ; restent présents au drapeau 250, compris les canonniers sur les remparts d'Angers ; 33 ont déserté, 8 sont au dépôt. »

⁂

Il s'agit ici du célèbre bataillon dont il a été souvent question pendant la guerre de Vendée qui fut amalgamé dans la 31e demi-brigade après avoir pris part à un grand nombre d'affaires. Son chef, R.-F. Lecomte, devenu général de brigade en août 1793, avec Marceau comme adjudant-général, fut tué en octobre à Châtillon.

sentants un accueil très favorable. Le plan de Kléber fut laissé de côté et Marceau reçut l'ordre d'épauler Westermann.

Bataille de Dol (21 novembre).

Celui-ci, dès une heure du matin, et sans s'assurer de la présence du soutien qu'il avait réclamé, se précipite sur les cantonnements ennemis, surprend leurs avant-postes et pénètre au cœur de Dol. La Rochejaquelein intervient alors, utilise judicieusement les abris, et repousse à son tour les assaillants jusque dans Pontorson.

Pendant ce temps, Marceau parvenait à une lieue de Dol. Soudain attaqué par Stofflet et réduit à la défensive, il s'accroche au terrain, tient vigoureusement en attendant la division (général Müller) qui le suit, mais l'appui se fait très mou. Après trois heures de combat et de continuelles alternatives de revers et de succès, il lui faut se retirer sur le corps principal.

Combat de Baguer-Pican (22 novembre).

Cependant Rossignol, qui renforçait la position d'Antrain, détache aussitôt 2.000 hommes et 2 canons à Westermann en lui prescrivant de reprendre. Par une marche de nuit, la légion des Francs sort donc de Pontorson et s'établit au bourg de Baguer-Pican. Au petit jour, elle y reçoit le choc de la colonne La Rochejaquelein qui évacue Dol par la gauche, tandis que Stofflet en faisait autant par la route d'Antrain. Westermann délogé doit se retirer sur Avranches, après deux prises de main très ardentes au cours desquelles chacun de ces deux champions également braves, affrontant vigoureusement son rival, le renversa de cheval et faillit le prendre.

Bataille d'Antrain (22 nov. 1793).

Vers Trans, la brigade Chamberting, très en l'air, ne pouvait tenir contre Stofflet. Mais Kléber déploie la brigade Canuel, composée en partie de Mayençais. Derrière les haies et les fossés, le combat se mène avec la plus grande détermination, quand La Rochejaquelein apparaît. Devenu libre par la retraite du général Westermann, il s'était rabattu aussitôt sur l'aile droite républicaine. Par un repli très méthodique, Kléber ramène ses troupes sur le gros. Rossignol ne sait point les recueillir. Le désordre se met dans les rangs. La retraite commence. Au passage du pont d'Antrain elle devient déroute complète. En deux jours l'armée avait perdu près de 10.000 hommes.

Opérations autour d'Angers.

Heureusement pour Rossignol, les Vendéens ne poursuivirent pas leurs succès et négligèrent, en dépit de La Rochejaquelein, de s'emparer de Rennes où la panique était grande. Dans leur ardent désir de retour, ils piquèrent droit sur la Loire par Fougères, Mayenne et Laval (24 novembre).

Attaque d'Angers (3 décembre).

Par un ordre rapidement expédié, le général Danican se jette aussitôt avec 4.000 hommes dans Angers. Haxo garnit tous les postes de la rive gauche de la Loire dont les points de passage sont pourvus d'artillerie, celui de Saint-Florent principalement. Angers, garnie d'une vieille enceinte fortifiée, est mise en état de défense par Beaupuy, qui s'y guérit de la grave blessure reçue à Entrammes. Toute la batellerie du fleuve est réquisitionnée.

Tribout et Sépher rappelés de Dinan et du Cotentin, viennent alors tenir Rennes, et l'armée de l'Ouest réorganisée par Marceau, désigné aux représentants par Kléber (1), se détache de celle de Brest et gagne Châteaubriant.

Le 3 décembre seulement, Rossignol l'y rejoignait avec la division (Tilly) des Côtes de Cherbourg. Les Vendéens canonnaient Angers depuis la veille.

Mort de Boûin de Marigny (4 déc. 1793).

Leur attaque, d'une durée de trente-six heures, échoua complètement. Le 4, l'avant-garde légère prenait leur contact et déterminait leur retraite sur Baugé, mais Marigny, son chef, fut frappé à mort par l'un des derniers boulets. Le lendemain, l'armée pénétrait dans Angers (5 décembre). Marceau y trouvait une commission de général de division, ainsi qu'une autre l'instituant commandant en chef par intérim de l'armée de l'Ouest, jusqu'à l'arrivée du général Turreau, employé aux Pyrénées (1). Rossignol était relégué à celui des Côtes de Brest (2).

(1) Marceau n'était que général de brigade. Kléber, placé sous ses ordres, était divisionnaire depuis la bataille de Cholet. Cette situation bizarre, instituée par les représentants, d'accord avec Kléber d'ailleurs, peut se comparer à celle de Berthier employé comme général de brigade à l'Etat major de Saumur sous les ordres du général Boucret [*Le général Berthier*, par Derrécagaix, p. 32].

(2) Il fut destitué en avril 1794.

CHAPITRE III

ARMÉE DE L'OUEST :

MARCEAU, général en chef.

(5 décembre - 26 décembre 1793).

Opérations autour du Mans.

La première préoccupation de Marceau fut d'empêcher les royalistes (1) de franchir la Loire. La division Kléber prit la levée du fleuve pour interdire à l'armée catholique la descente sur Saumur, pendant que Müller marchait sur Baugé et que du Mans les 1.500 hommes de la brigade Chabot descendaient de leur garnison d'Alençon sur La Flèche pour fermer la route du nord.

Mort de Royrand (5 déc. 1793).

Forcé d'abandonner son projet de rentrer en Vendée, incapable de tenir dans Baugé où Royrand venait de mourir de fatigue, La Rochejaquelein n'avait d'autre ressource que de gagner Le Mans. Les siens ravagés par la dysenterie, affamés, accablés de misère et de découragement, pouvaient y trouver réconfort et repos. Se jetant sur Chabot, dans un élan de désespoir, le 9 décembre, il enlève le pont de La Flèche, puis coupe le tablier derrière lui. Mais Westermann attaché de façon mordante aux Vendéens qu'il sent à bout de forces réussit à franchir le Loir. A une heure de marche en arrière suit la division Müller, puis celle de Cherbourg (Tilly) qu'accompagne Marceau. A une journée de marche enfin, vient la 3e division (Kléber) qui a laissé la chaussée de la Loire.

Combat de la Flèche (9 déc. 1793).

Une sortie de La Rochejaquelein rejette la cavalerie de Westermann sur Müller qui, toujours peu solide, lâche pied et fuit sur Arnage où Marceau le recueille, et, par une charge à la

(1) Alors au nombre de 30.000 combattants. D. 2 3/277.

baïonnette, rétablit le combat. Westermann reprend le contact et pénètre dans le Mans à la suite des Vendéens repoussés. Marceau s'accroche ensuite aux premières maisons du faubourg de Pontlieue, s'empare même du carrefour très important du Puits des Quatre-Roues, et prend ses dispositions pour bloquer les royalistes sur la place centrale. Il est 11 heures du soir ; la position pourrait devenir critique en face d'un ennemi entreprenant.

Mais une confusion folle régnait parmi les paysans, surtout dans leur long convoi de femmes et d'enfants, qui mit toute la nuit, et prit tous les efforts de La Rochejaquelein pour s'écouler par la route de Laval. Au petit jour, le 12, Kléber relève les postes de Westermann et de Tilly. A 7 heures, il bat la charge et, d'un élan, balaie quelques centaines d'hommes munis de canons laissés sur la grand'place pour couvrir l'évacuation des voitures, puis il lance Westermann, soutenu par l'infanterie légère et la légion des Francs. Un terrible carnage commence dans la foule éperdue des fuyards qui se dispersent dans les campagnes et que les habitants eux-mêmes contribuent à massacrer ; il ne prend fin qu'à 6 lieues de Laval, où les royalistes échappés au sabre des cavaliers et au couteau des paysans, entrent en pleine dissolution matérielle et morale, diminués de 15.000 hommes dont 10.000 tombés dans la déroute.

Dès le lendemain, Westermann reprenait ardemment la poursuite. Suivant les Vendéens à la trace, il arrive à Ancenis. La Rochejaquelein et Stofflet venaient de franchir le fleuve sur des radeaux improvisés en compagnie de plusieurs centaines de combattants. Fleuriot (1) entraîne le reste vers Blain.

Marceau, avisé, gagne Châteaubriant pour leur couper la route de Bretagne, puis marche à son tour sur Blain. Il tente de les envelopper. Kléber s'avance au centre, encadré de Tilly à droite, de Westermann à gauche qui dessinait un mouvement enveloppant. Dans la nuit, les royalistes se dérobent. Il les atteint à Savenay, enlève deux de leurs postes avancés, puis garnit les débouchés en attendant son lieutenant Tilly. Celui-ci arrive à 2 heures après minuit, et l'armée se forme en croissant sur les hauteurs qui entourent la ville. Au petit jour, une attaque concentrique, au pas de charge, en trois colonnes, balaie les derniers restes des Vendéens. Quinze mille d'entre eux, dont Lyrot, le chef du Loroux, et Piron, disparaissent sous le sabre

Bataille de Savenay (23 déc. 1793).

(1) J.N. de Fleuriot, ancien garde du corps, mort en 1823.

ou se noient dans les marécages. Quinze mille autres, gens de tout âge et de tout sexe, sont pris. Le reste s'éparpille dans les campagnes, franchit la Loire par petites troupes, ou va se fondre dans les bandes du Maine que commande Scépeaux.

C'est la fin, et de la « Grande Guerre », et de la campagne d'Outre-Loire. Au cours de leur exode 60.000 Vendéens ont disparu. Le vainqueur a subi lui-même les pertes les plus cruelles. Exténué, perdu de gale, nu-pieds, en guenilles, il ne présente plus qu'une ombre d'organisation. De toutes les armées républicaines, si pauvres en général, si dénuées, l'armée de l'Ouest est à ce moment la plus misérable et la plus réduite. Cent cinquante-sept cadres de régiments ou de bataillons conduisent à peine 40.000 hommes, tant les malades sont nombreux. Marceau lui-même est épuisé.

Opérations en Vendée durant l'Outre-Loire.

Pendant que ces événements d'importance capitale se déroulaient, la rive gauche était le théâtre de quelques opérations sans grande envergure. Appuyé sur une série de postes fortifiés dont les plus importants étaient Mortagne, Tiffauges, Montaigu, Saint-Florent, Bressuire, Saint-Fulgent, le général Haxo, vieil officier d'une rare intrépidité et très humain, préparait avec méthode la réduction de Charette, campé à Touvois et maître de Challans, de Machecoul, de Bourgneuf et de deux places d'armes importantes : Noirmoutier, dont il s'était emparé le 12 octobre, et l'île Bouin du Marais, difficilement accessible, complètement cernée par un passage salé.

Le général Dutruy tenait les Sables ; Duval à Niort, Grignon à Argenton, Cordellier à Vihiers, Poché à Cholet, Desmarres à Bressuire, Moulin à Saint-Florent, Commerre à Saumur, maintenaient le pays, et s'engageaient de temps à autre contre les petits chefs encore debout et qui n'avaient pas suivi la Grande Armée : Savin, Pajot, La Cathelinière, Joly dans le Bas-Poitou, Pierre Cathelineau, La Bouère, Prudhomme dans l'Anjou et les Mauges. C'est dans une de ces escarmouches que se place, le 7 décembre 1793 (17 frimaire an II) la mort, près de Jallais, du jeune Bara, enfant de 15 ans, sabré par des cavaliers vendéens en défendant les deux chevaux du général Desmarres, dont il

Combat de Jallais et mort de Bara.

était l'ordonnance civile (1), alors que son maître était engagé contre Pierre Cathelineau.

Enlèvement du Marais (6 décembre).

Le 6 décembre, Haxo et Dutruy avaient combiné une action commune contre Charette, après que le premier eut enlevé Machecoul (le 22 novembre) et Port-Saint-Père (26 novembre), et que le second fut entré dans Légé. Bientôt une circonvallation de camps retranchés, dont le plus fort, celui de Légé, comptait 3.000 hommes de garnison, ayant enserré le Marais, l'attaque générale avait été déclanchée et Charette, forcé dans l'île Boüin, perdait 13 canons et beaucoup de chevaux, (6 décembre), à l'heure même où se déroulaient les événements de Savenay.

Combat des Quatre-Chemins.

Entrevue de Charette et La Rochejaquelein à Maulévrier.

Mais, inaccessible au découragement, le chef maraichin, joint à Joly et faisant tête à nouveau, dès le lendemain de ce grave échec, attaquait Légé, puis se retournant contre le camp des Quatre-Chemins, y massacrait, le 11 décembre, la moitié de l'effectif, s'emparait d'un butin considérable, se faisait reconnaître aux Herbiers comme général en chef de l'armée catholique et royale du Poitou, donnait une nouvelle organisation à son armée qui comptait quatre escadrons de cavalerie d'un total de 322 chevaux et 4.000 fantassins, et se portait sur Maulévrier dans l'espoir de devenir le chef suprême du pays insurgé. Mais l'arrivée de La Rochejaquelein, retour de l'Outre-Loire, lui enlevant cet espoir, il quitta bientôt le Bocage sans se contraindre dans l'expression de sa mauvaise humeur et de son dépit.

(1) Bara était revêtu d'un costume de hussard, il n'était pas militaire et encore moins tambour.

SECONDE VENDÉE

La Guerre de Partisans

(Décembre 1793. — Mars 1796)

SECONDE VENDÉE

La Guerre de Partisans

(Décembre 1793. — Mars 1796)

CHAPITRE I

ARMÉE DE L'OUEST :

Quartier général : NANTES.
TURREAU, général en chef
(26 décembre 1793-18 mai 1794).

Le général Turreau, nommé, par décret du 27 novembre, général en chef de l'armée de l'Ouest, arriva le 17 décembre à Angers. Marceau l'avisa le 22, que l'armée allait donner le coup de grâce aux Vendéens à Savenay, en le priant de venir se faire reconnaître devant l'ennemi. Mais Turreau ne rejoignit Nantes que le 29 ; le 30, Kléber lui présentait un mémoire sur les moyens à employer pour terminer la guerre (1).

Plan d'extermination du général Turreau.

Pour atteindre ce but si désirable deux politiques s'offraient, deux systèmes plutôt, toujours ardemment défendus et discutés au sein des états-majors aussi bien qu'à celui du Comité de Salut public : l'apaisement et la clémence préconisés dans le Conseil par Carnot, à l'armée par Kléber ; l'impitoyable violence soute-

(1) V. 3/454.

nue par Robespierre à Paris, et qui allait l'être à l'armée par le nouveau général. Celui-ci, en qualité de brigadier, avait fait partie de cette division de Saumur qui avait toujours proclamé la nécessité de faire « disparaître de la carte le territoire maudit de la Vendée. » D'un caractère cruel et absolu, très confiant en ses moyens, il ne trouva chez son chef d'état-major, Robert, ancien artiste dramatique, de la suite de Ronsin, rien moins qu'un modérateur.

Le plan proposé par Kléber recommandait :

1° La main-mise sur les points stratégiques et leur transformation en points d'appui solides ;

2° Le partage en deux portions du pays soulevé, par l'établissement de garnisons sur la transversale Montaigu-Saint-Fulgent-La Roche-sur-Yon-La Mothe-Achard ;

3° La constitution d'un système mobile, s'appuyant sur l'organisation fixe, chargé d'opérer le désarmement et de ramener la confiance et le calme par le spectacle d'une discipline exacte.

Ce programme, établi avec le sang-froid caractéristique de son auteur, et tout imprégné d'un sentiment très juste des forces matérielles et des mobiles moraux de l'adversaire, devait être repris plus tard par un autre général de génie et couronné d'un complet succès. Ces trois mots le résumaient : Guerre, Garde, Pacification. Il déplut aux montagnards, en pleine ivresse de triomphe, et qui envoyaient à cette heure au supplice les Danton, les Camille Desmoulins, les Westermann, les Beysser. Kléber se vit relégué dans d'obscures fonctions en Bretagne ; Marceau, très antipathique à Turreau (1), passa au second plan, puis reçut un congé de convalescence.

Prise de Noirmoutier (2 janv. 1794). Mort de d'Elbée.

Les préparatifs se continuaient cependant du côté du Marais. La division Carpentier chassant de Machecoul Charette qui venait d'en déloger un bataillon républicain (31 décembre), la liaison des Maraichins avec La Cathelinière et Noirmoutier est supprimée et l'île elle-même occupée, dans la nuit du 2 janvier par Haxo, dont l'adjudant général Jordy avait brillamment conduit l'avant-garde.

Charette n'en fut point abattu. Dès le lendemain, on le voit déployer la même mobilité déconcertante, courir des taillis de

(1) Marceau était très antipathique à la faction Rossignol. Dans une lettre de Bouchotte à Rossignol, en date du 30 novembre 1793, le premier demanda au second : « Marceau est-il parent de Pétion ? Lui donner en ce cas un commandement, serait enfermer le loup dans la gendarmerie ». (*Sic*, probablement pour bergerie).

SITUATION XIII

Situation au 30 ventôse an II (20 mars 1794).

Armée de l'Ouest.

Général en chef : Turreau.
Chef d'Etat-Major : Robert.

1re division. —	Général	Cordellier.	
2e	d°	d°	Haxo.
3e	d°	d°	Grignon.
4e	d°	d°	Huché.

Infanterie	94.573	hommes
Cavalerie	4.129	—
Artillerie	4.007	—
Effectif général	102.709	hommes

SITUATION XIV

I

L'armée compte 19 bataillons de troupes régulières dont 1 bataillon des 29e, 84e, 60e, 110e, 74e, 73e, 37e, 106e et 94e et 2 bataillons des 72e, 77e, 78e, 57e, 39e.

II

La cavalerie est composée de gendarmes ou de cavaliers appartenant aux 2e, 3e, 7e, 15e et 16e de Chasseurs, 7e et 11e de Hussards, 16e de Dragons.

III

Les situations sont tantôt imprimées, tantôt établies sur feuille volante, sans beaucoup de soin. Celle du 21 mars 1793 de la place de Rochefort est ainsi conçue :

ÉGALITÉ LIBERTÉ	INDIVISIBILITÉ	FRATERNITÉ OU LA MORT

L'adjudant de la place de Rochefort au républicain Bouchotte, ministre de la guerre.

Je t'envoye, Républicain, l'état de situation des troupes de la garnison, avec la force qui monte chaque jour.

Salut et fraternité,

Signé ....

La dissémination est, là aussi, de pratique constante. L'état des postes de la place en indique 24 absorbant 389 hommes.

(Arch. Guerre).

Gralas ou de Touvois à ceux de Grand-Lande, se couvrir tantôt de la Moine, tantôt de la Boulogne, dresser de continuelles et fructueuses embuscades aux convois qui roulent sur les deux seules chaussées praticables dans le voisinage duquel il s'embusque. Dissociant, reconstituant sans cesse ses forces, s'incorporant parfois les bandes de Joly, porté alors à 3.000 hommes, il entreprend de temps à autre quelque action foudroyante et meurtrière.

Le 9 janvier, il attaque Saint-Fulgent à l'improviste, en éprouve fort la garnison, se retire le 11 devant la colonne Joba venue de Montaigu au secours, s'enfonce dans la forêt de Gralas, en débouche le 12, attaque Joba aux Brouzils. Blessé, battu, il dévie vers les taillis de Grammont, reparaît de nouveau, affronte les mêmes adversaires à La Chambaudière, et, repoussé encore une fois, disparaît.

Combat de Saint-Fulgent (9 janvier).

Combat des Brouzils (12 janvier).

Cinq jours après, Haxo apprend le lieu de sa retraite : le val de Morière. D'un fort coup de boutoir, le chef maraîchin est rejeté dans la forêt de Touvois où il se cache, très démuni cette fois. De leur côté, ses émules du Bocage, paraissent sur leurs fins, sous bois, à la tête de quelques vétérans de la campagne de la Loire. Au sein des réserves paysannes, exsangues depuis les hécatombes et les saignées de la Grande Guerre, ils n'ont plus d'aide matérielle d'aucune sorte à attendre, mais seulement un appui moral. On les nourrit. On les renseigne. Rien de plus.

Les colonnes incendiaires s'ébranlent.

C'est alors que, le 17 janvier 1794, Turreau lance son ordre de mouvement. Les divisions Duval, Grignon, Boucret, Bonnaire, Cordellier, Moulin, doivent déboucher de Saint-Maixent-Parthenay, de Bressuire, Cholet, Doué-la-Fontaine, Brissac, Chalonnes, Saint-Florent.

Se subdivisant en douze colonnes incendiaires — qui ont reçu dans l'histoire le nom d'infernales — elles devront :

1° Détruire les approvisionnements, le bétail, le grain que l'on ne pourrait évacuer sur les derrières ;

2° Brûler les maisons, les villages, les villes, sauf douze que l'on réserve pour servir de magasins et de garnisons ;

3° Désarmer tous les habitants, même les patriotes ;

4° Evacuer tous ceux qui, n'ayant pas pris les armes, pourraient cependant être soupçonnés d'avoir aidé les révoltés ;

5° Fusiller tout homme sur lequel pèserait le moindre soupçon de rébellion.

Carpentier, Haxo et Dutruy que les insurgés du bas Poitou immobilisaient pour le moment à Nantes et aux Sables, devaient plus tard prendre des dispositions analogues, et déboucher au-devant des colonnes de l'Anjou.

Renaissance de la rebellion.

Entrée de La Rochejaquelein dans Chemillé (26 janv. 1794).

Les colonnes s'avancent, le 20 janvier, brûlant et massacrant sur leur passage. Aussitôt les bandes s'accroissent dans des proportions considérables. Réduits au désespoir, forcés de choisir entre la révolte et la mort, les paysans préfèrent courir le risque des combats. Les prévisions de Kléber se réalisent. La Rochejaquelein, de nouveau très entouré, se glisse avec Stofflet, sur les derrières des colonnes infernales, entre dans Chemillé, s'y rend maître d'un amas de subsistances que l'on vient d'y concentrer et prend plusieurs convois. Mais comme il s'occupe de les évacuer dans la forêt de Vezins, il trouve la mort aux portes de Cholet, à Nuaillé, au cours d'une échauffourée obscure.

Mort de La Rochejaquelein (28 janvier 1794).

Mort de La Rochejaquelein (28 janv. 1794).

La rébellion essuyait une perte irréparable en la personne de ce chef attirant qui, par ses hautes qualités morales et sa bravoure entraînante, assujettissait tous les cœurs. Son nom en imposait même à Charette. Sorte de héros national, destiné à personnifier dans l'histoire l'âme même de la Vendée royaliste, il n'avait que 21 ans. Avec lui finissent les temps héroïques, mystiques et désintéressés de la Grande Guerre, où l'on cheminait au rythme des hymnes religieuses et du chapelet récité en commun. Le paladin cède la place à des calculateurs froids très braves, mais peu chevaleresques, durs à eux-mêmes et aux autres, très ambitieux. Sous la direction de Stofflet d'une part, et de l'autre sous celle de Charette, très personnel, peu accessible à la pitié, avec en face d'eux Turreau si froidement cruel, la guerre déjà traversée de tant de scènes de carnage, remplie, (sans en excepter aucune), des horreurs particulières aux guerres civiles, la guerre donc, va prendre un caractère d'impitoyable sauvagerie. On ne fera plus un seul prisonnier.

Les républicains réduits à la défensive.

En dépit de cette mort, de nouveaux rassemblements surgissent partout, suivant les colonnes républicaines, pas à pas, les harcelant, les épuisant en détail, les forçant à employer toute leur puissance offensive en parades à demi-stériles. Dutruy s'immobilise du côté du Marais en pleine fermentation, Haxo également devant La Cathelinière jusque-là peu redoutable et tapi dans la forêt de Princé, Duquesnoy (1) très engagé dans la poursuite de Charette, doit rebrousser chemin sur La Roche. Autour de Sapinaud de la Rairie (2), l'armée du Centre se reconstitue. Une des subdivisions incendiaires de Cordellier (3), assaillie à Gesté par Stofflet, doit reculer sur Saint-Philbert ; la seconde, accourue à la rescousse, est coupée et rejetée en deux directions opposées. Beaupréau est pris, le 3 février, par les Angevins auxquels de petites affaires de détail ont été favorables au Coudray-Montbault et à Vezins. A Cholet, le général Moulin ne répond plus de la conservation de son poste. Stofflet devient de plus en plus menaçant, et tient en maître Beaupréau, Jallais, Chemillé, Maulévrier.

Combat de Gesté (1er fév. 1794).

La Vendée renaît en un mot, une deuxième Vendée dissemblable de la première, et faite pour durer plus longtemps. Moins ambitieuse des grandes opérations incomplètes, réduite par les circonstances aux simples coups de main, elle va mener la seule guerre qui convienne aux entreprises insurrectionnelles en général, et à son sol propre en particulier : celle que les armées régulières soutiennent le plus difficilement, parce qu'elles ne possèdent point, comme le simple partisan, les deux éléments de réussite nécessaire : la connaissance parfaite du terrain et la connaissance parfaite de l'ennemi.

Charette surtout, très brave, d'une activité prodigieuse, peu sentimental, très voluptueux, cruel à ses ennemis, sorte de condottière comparable à ceux de l'Italie du XVe siècle, va désormais imposer aux opérations le caractère qu'il a toujours prétendu leur donner. Sans bagage, sans canon, menant mille hommes aujourd'hui, cinquante cavaliers demain, fonçant par

(1) J. Duquesnoy, capitaine de volontaires, venu de l'armée du Nord avec 10.000 hommes, arrivés après Savenay, entra en conflit avec Turreau.

(2) Sapinaud de la Rairie, ancien lieutenant d'infanterie, frère de Sapinaud de la Verrie, mort en 1829.

(3) E. Cordellier, capitaine de volontaires, général de division à l'armée des Ardennes.

à-coups subits, rapides, suivis d'éclipses imprévues et de zigzags déconcertants, il déploiera jusqu'au dernier jour une fertilité de ressources extraordinaires, épuisera les républicains dans une suite ininterrompue d'actions décousues, immobilisera des effectifs dix fois supérieurs aux siens, et tiendra trois longues années en suspens les destins de la République.

Appelé par Sapinaud que menacent trois colonnes sorties des Essarts, de Saint-Fulgent, du Grand-Luc, et qui a subi un échec à Chauché, le 2 février il joint ses contingents à ceux de l'armée du Centre, et fait échouer une fois de plus l'action concentrique si souvent tentée au cours de cette guerre, et si difficile à réussir contre un ennemi qui n'a pas été fixé.

Enlèvement de Légé (6 février).

Deux colonnes commandées par Grignon sont successivement battues et la troisième doit se retirer vivement. Le 6, Cordellier, assailli dans Légé par Charette, Joly et Sapinaud, perd 800 hommes et un approvisionnement considérable. La garnison de Corcoué, menacée ensuite, s'enfuit précipitamment loin de son poste.

Combat de St-Colombin (10 février).

Le général Duquesnoy, quittant alors La Roche où il fut le témoin immobile de ces opérations, se lance à la poursuite de Charette qu'il atteint à Saint-Colombin. Il le bat, mais ne peut l'empêcher de se dérober dans une direction inconnue : le Bocage, suppose-t-on.

Va et vient du Marais au Bocage.

Cette dernière région est en feu. Les colonnes infernales la parcourent, exécutant, avec plus ou moins de rigueur, les instructions du général en chef et contribuant en somme, tout en ruinant le pays, à grossir les contingents vendéens. Le général Moulin, très menacé dans Cholet, appelle à lui son collègue Cordellier qui tient Tiffauges. Celui-ci accourt le 8 février et, sur le point d'arriver, rencontre la garnison qu'il rejoint en complète déroute. La ville est perdue, le général Moulin s'est brûlé la cervelle pour ne pas tomber dans les mains de Stofflet.

Combat de Cholet (8 février).

Cordellier refoule ce chef dans la forêt de Vezins et reprend la ville qui n'a été perdue que pendant une heure, mais, à ce coup d'audace, Turreau se persuade que les deux généraux vendéens sont réunis. Il porte donc son quartier général à Saumur et appelle en Anjou Cordellier, Carpentier et Duquesnoy. A peine arrivé, ce dernier reçoit l'ordre de rebrousser. Le refuge de Charette vient d'être connu : les landes de Bouaine.

Il s'agit cette fois de cerner le général Maraichin. Tandis que Haxo tiendra Légé, et Dutruy Challans, Duquesnoy abordera par Saint-Philbert, et Cordellier par Montaigu. Placé au Pont-Jammes, le général en chef coupera la retraite aux royalistes.

Mais, dans l'établissement de son plan, Turreau omet de prévoir la garde du pont de Montbert. Charette sortira par là. Il scinde sa troupe en deux : Guérin, avec le 1er corps, escorte le convoi que masquera le 2e corps engagé contre Duquesnoy. Celui-ci d'ailleurs ne montre pas beaucoup de mordant. Chose rare, Charette engage le combat à vue. Dans les vastes landes découvertes, le grand panache blanc dont il orne son chapeau, et les cimiers de poil de bouc de ses grenadiers s'aperçoivent aisément. Le pont de Montbert franchi, tout se disperse et disparaît.

De son côté, Stofflet, laissé libre d'agir, avait aussitôt attaqué Beaupréau. Carpentier, à Doué, se déclare incapable de lui résister. La division de Niort est réduite à l'impuissance par Marigny qui reconstitue la division vendéenne de Cerizay, autrefois l'une des plus fortes de la Grande Armée. Bard doit se borner à la garde de Luçon.

Prise de Bressuire (24 février).

Le 24, Stofflet, auquel s'est incorporée la bande de 2.000 hommes levée par le marchand de bestiaux Richard, se présente devant Bressuire, y prend d'importants magasins, y stationne deux jours, y constitue son Conseil, puis va chasser la garnison d'Argenton-Château et réintègre la forêt de Vezins, son quartier général ordinaire.

Poursuite de Charette par Haxo.

Charette, lui, depuis quelque temps déjà réside à Belleville, et ce choix démontre une fois de plus l'excellence de son coup d'œil militaire. Non qu'il s'agisse d'une place d'armes ou d'une place forte inexpugnable, non qu'il y domine, comme il le faisait à Légé, la transversale maîtresse Nantes-Les Sables.

Mais il occupe sur un bon chemin de traverse la bissectrice presque exacte de l'angle formé par cette maîtresse-transversale, et celle non moins importante qui mène de Nantes à La Rochelle, d'où la facilité de mordre dans les flancs de toutes les colonnes et de tous les convois, d'intercepter les courriers, de pénétrer le secret des opérations, de culbuter les partis isolés.

Mais, en plus de ce lieu géométrique précieux, il tient encore le centre de la circonférence de couverts inviolables, dont il fait l'asile de ses défaites ou l'appui de ses embuscades fructueuses, les forêts de l'Herbergement, de Gralas, de l'Essart, de Touvois, de Grandlande, d'Aizenay, des Gâts.

Mais enfin, avantage tactique précieux, il commande les sources de la Boulogne, de la Logne, de la Vie, de l'Yon, c'est-à-dire des principales rivières qui coupent la ligne d'opérations employée contre lui, et, à la tête de ses troupes si légères de bagages, il suit à l'aise les crêtes, passe sans encombre d'un versant à l'autre, se jette à la nage au besoin, accepte le combat ou le refuse à son gré.

D'ailleurs, jouant avec génie de ces avantages, il refuse le plus souvent les actions générales qui amenèrent la perte des Angevins, et, prenant la déroute sans fausse honte, se borne toujours à harceler, à surprendre de jour et de nuit, à se maintenir en un mot, avec une poignée de « foutus gueux », comme dit Aubertin, contre une armée entière bien approvisionnée, si bien qu'il fallut l'investir, comme on fait d'une place irréductible de vive force. Sa campagne contre Haxo mérite d'être considérée comme le modèle d'un genre qui n'a connu que quelques maîtres.

C'est en février que le général Haxo, débarrassé de La Cathelinière qu'il vient de prendre dans la forêt de Princé, s'engage à fond contre lui. Ce magnifique soldat, couronné de cheveux blancs, modèle d'honneur militaire, rebelle dans la mesure du possible aux horreurs de son général en chef, se donne corps et âme à sa mission. « Charette périra de ma main, s'est-il écrié, ou je tomberai sous ses coups ». Plein de fermeté et de sang-froid, toujours en tête de sa troupe ou à l'arrière-garde dans les revers, on le voit, le 1er mai, dans Légé, et, dès le 2, à La Mothe-Achard. Le 5, tout près de réussir, il appelle à lui Cordellier, mais celui-ci s'occupe de couvrir une nouvelle navette incendiaire de Turreau, et s'abstient de le soutenir.

Combat de la Vivantière

Haxo marchera donc seul vers la forêt des Gâts. Levé au gîte, Charette s'esquive puis fait tête à la Vivantière, et, soudain soutenu par les gens de La Cathelinière que lui conduit Guérin, défait les républicains et les poursuit jusqu'à Légé. Il se retourne aussitôt contre La Roche-sur-Yon dont il a reconnu depuis longtemps l'importance stratégique, mais une charge à la baïonnette de la garnison le repousse, et il fait volte-face quand un hourrah retentit sur ses derrières. C'est Haxo déjà revenu à la rescousse.

Rompant désormais avec les errements traditionnels, renonçant délibérément à l'enveloppement toujours tenté en vain, le vieux général se décide pour la poursuite à toute allure. Il s'engage à fond, lui aussi, avec une énergie et une résolution égales à celles de son adversaire, tellement que celui-ci est bientôt acculé à la Boulogne. Il est épuisé, il paraît à bout, il va être pris quand tout à coup il se jette à la nage et disparaît.

Recrudescence des rigueurs.

La nouvelle navette de Turreau l'avait porté vers le Bocage, où Dusirat et Travot avaient entrepris de leur côté contre Stofflet une poursuite à la Haxo, marquée de succès et de revers, finalement terminée par la retraite de Dusirat dans Doué-la-Fontaine.

Cette levée générale de boucliers, cette renaissance d'une rebellion que l'on croyait agonisante, ces cruels mécomptes, n'inspirent aucun relâchement au général Turreau, entêté dans son système de rigueurs. Le 22 pluviôse, l'ordre de désarmement s'étend jusqu'aux patriotes eux-mêmes. En dépit des réclamations les plus vives formulées par les municipalités, les habitants abandonneront de force les villes importantes du Bocage dont les garnisons iront grossir les colonnes mobiles. Le 7 mars, le général en chef préside lui-même à l'évacuation de Cholet, dont les habitants, chargés de leur mobilier, se dirigent sur Nantes, Angers et Saumur, en longs et pitoyables convois, sous l'escorte des troupes du général Huché, successeur de Moulin.

Évacuation de Cholet (7 mars 1794).

Stofflet les remplace aussitôt dans la capitale du Bocage qu'il n'aime pas et la brûle en entier, puis il attaque avec succès une des deux colonnes de Turreau ; il menace même la ville de Chemillé, quand Grignon le défait près de Chanteloup et le rejette dans la forêt de Vezins, permettant au général en chef de rentrer à Nantes le 18, après avoir mis le Loroux à feu et à sang, en compagnie des généraux Huché et Carpentier.

Combat de Chanteloup (16 mars).

Epuisée par les marches continuelles, l'armée est à bout. Vêtue de haillons, sans souliers, maigre et affamée, dans l'impossibilité de boulanger, par suite de la destruction systématique des moulins et des fours, elle est plongée dans une extrême misère et ne subsiste que de rapines ; les habitants de Doué-la-Fontaine se voient tenus d'obéir à une réquisition de

Dusirat qui prend toutes leurs chaussures pour en munir ses soldats qui ne peuvent plus aller pieds nus sur des extrémités « gonflées par la fatigue ».

Combat du Fief des Ouleries (18 mars 1794).

Et pendant ce temps, Stofflet groupe jusqu'à 7.000 combattants et bat Grignon, le 18 mars au Fief des Ouleries, près de Maulévrier. Marigny, l'ancien chef de l'artillerie de la Grande Armée, revenu d'outre-Loire, réorganise les anciens contingents de Lescure. Sapinaud et lui pourront bientôt mener 5.000 hommes résolus.

Reprise des opérations contre Charette. Mort du général Haxo.

Revenu à Nantes, Turreau médite encore une nouvelle combinaison contre Charette. Il ira remplacer Haxo au Pont-James, puis quatre colonnes de 8.000 hommes chacune convergeront sur lui.

Le 19 mars, Aubertin entame l'affaire sur les lisières de Touvois, où Charette, lui aussi, souffre de la faim ; la poursuite infatigable du général Haxo a empêché sa troupe de faire du pain, celle-ci est très réduite et découragée, il faut décamper de la forêt et se diriger vers La Roche.

Combat de Clouzeaux et mort du général Haxo (20 mars).

Sans attendre ni le général en chef, inexact au rendez-vous, ni Huché, ni Carpentier, le général Haxo part sur les traces de Charette et le traque de si près qu'il l'atteint aux Clouzeaux. Dans l'ardeur de la poursuite, il perd même toute liaison avec les siens. Les royalistes font volte-face, l'entourent. Adossé à un arbre, Haxo refuse de se rendre, est tué.

Deux jours après cette perte très cruelle pour eux, les républicains se voient encore enlever Mortagne par les 5.000 Vendéens du Centre, qui abandonnent d'ailleurs leur conquête après l'avoir démantelée.

Situation critique de Turreau.

La situation devenait critique. Trente-deux mille hommes allaient partir pour le nord, où se menait la décisive campagne de 1794 sur la Roër et le Rhin, 15.000 autres avaient pour destination de renforcer Dugommier aux Pyrénées. Enfin l'armée comptait 20.000 malades (1).

Pour comble de disgrâce, le conflit allait grandissant avec les municipalités qu'irritait l'application de l'ordre général de désarmement. Nantes et les Sables protestaient avec véhémence contre l'expulsion des patriotes qui, sous le nom de réfugiés, avaient dû chercher un asile très précaire dans les départements limitrophes. Les cruautés déployées remplissaient d'horreur, la faillite du système apparaissait de plus en plus certaine. Il fallut ordonner de rétablir, dans le délai de deux décades, les moulins détruits par ordre.

Puis un arrêté des représentants créa une commission, dite d'extraction et de conservation des grains et bestiaux, dont la fonction fut d'arrêter le pillage auquel se livrait l'armée, profondément démoralisée par le genre de guerre auquel on l'abaissait, et qu'affamait un gaspillage scandaleux des denrées saisies. Commission des grains et bestiaux (20 mars 1794).

Les mains liées par toutes les difficultés, le général en chef soutint très mal une tentative bien organisée par Dutruy contre le Marais, place d'armes et grenier de Charette, tenu par Pajot. Au prix de mille peines, les troupes avaient pris pied dans le bourg central du Périer, quand Charette, que l'on eût dû contenir, parut avec 1.500 hommes devant Challans (7 avril).

L'adjudant général Boussard le repousse et Dutruy se retourne contre lui, le poursuit jusqu'aux environs d'Aizenay, perd sa trace dans le nord du côté de la forêt de Gralas, et apprend soudain sa réapparition dans le sud aux portes des Sables, où règne une complète inertie par suite du désarmement des patriotes. Le poste de Moutiers-les-Maufaits est pris et pillé. Enlèvement par Charette de Moutiers-les-Maufaits.

Opérations contre Stofflet.

Dans le Bocage, Dusirat, ayant comme second, Travot, supportait tout le poids de la campagne. Elle était extrêmement pénible, car Stofflet déployait une activité et une énergie entièrement comparables à celles de son émule et rival du Marais. Pour chausser la troupe, on avait vu les représentants Hentz et Francastel réduits à déchausser les citoyens, et même à démunir la colonne Grignon au profit de celle de Dusirat (2). Ce

(1) Arch. G. Cie 5/6.
(2) V 3/451.

dernier rentré dans Doué, y ayant reconstitué son monde avec soin, en était ressorti pour occuper Jallais le 18 avril et Chaudron le 24, quand, près de ce dernier point, un parti vendéen d'une force inattendue l'assaille.

Ce sont en effet les contingents du Haut et du Bas-Poitou, réunis à ceux de l'Anjou. Charette, après la prise de Moutiers-les-Maufaits, s'était secrètement enfoncé dans le Bocage, pour rejoindre ses collègues qui, comprenant comme lui la nécessité d'une entente commune, lui avaient donné rendez-vous au château de La Boulaye, près de Mallièvre. Stofflet, Charette, Sapinaud, Marigny s'y étaient donc réunis le 22 avril, et avaient juré fidélité à un pacte fédératif réglant leur concert en vue des opérations contre les colonnes incendiaires du Bocage, et d'une main-mise sur les passages de la Loire.

Pacte de la Boulaye (22 avril).

Aux trois armées d'Anjou, du Bas et du Haut-Poitou, vinrent donc se joindre, le 23 avril, à Jallais, les contingents réunis par Marigny qui venaient de triompher au combat de Clisson-Boismé, le 18 avril, et de chasser les républicains du camp de Chigné (1). Des conférences nouvelles, tenues dans cette ville des Mauges, décidèrent la formation de trois armées. Stofflet commanderait celle du Pays-Haut ou d'Anjou, Sapinaud celle du Centre, Charette, celle du Bas-Poitou. Marigny était replacé dans sa situation ancienne de chef de l'artillerie.

Affaire de Chaudron (24 avril).

Pris de fureur, ce dernier refuse aussitôt tout concours à l'affaire de Chaudron ; il entraîne avec lui ses hommes, Stofflet lui-même soutient mal Charette, dans lequel il voit un rival au titre convoité de généralissime. Dusirat peut donc se retirer facilement de Chaudron sur Saint-Florent, dans l'expectative des mouvements ultérieurs de l'armée vendéenne. Mais, quelques jours plus tard, Charette et Stofflet se séparaient d'une façon définitive, après avoir condamné à mort Marigny pour son abandon de Chaudron. Charette rentra dans le pays de Légé, et Stofflet vint envahir le bourg de Nueil-sous-Passavant, dont le maire et treize habitants barricadés dans le clocher fournirent une invincible résistance, puis se tourna vers La Châtaigneraie (2 mai) ; mais en vain. Dusirat le rejoint le 5 mai, aux environs

Combat de Maulévrier (5 mai).

(1) Cette réunion, d'après un bon historien de la guerre de Vendée (Crétineau-Joly, t. II, p. 20) formait un fond de 40.000 hommes avec 2.500 cavaliers et 20 canons de campagne. En fait Stofflet réunissait environ 2 à 3.000 fantassins d'une façon normale et 100 cavaliers, Charette 4.000 fusils environ et 200 sabres, Sapinaud quelques milliers de paysans, 3 à 4.000 peut-être. P. 4/556

SITUATION XV

Situation en mai 1794

Armée de l'Ouest.

Général en chef : Vimeux.

1re division, Montaigu : Général Duquesnoy.
2e division, Fontenay : Général Bonnaire.
3e dvision, La Rochelle : Général Dembarrère.
4e division, Tours : Général Jacob.
5e division, Doué : Général Caffin.

Effectif général

Infanterie	40.640	hommes
Cavalerie	6.698	—
Artillerie	3.616	—

La situation, établie d'une façon peu claire, accuse les détachements suivants :

Les Sables et cantonnements environnants ..	2.088	hommes
La Rochelle et les huit garnisons environnantes	3.344	—
Camp de Concourson	5.559	—
Camp de la Rouillère	2.189	—

SITUATION XVI

Au 19 juin, d'importants changements ont eu lieu :

12.566 hommes sont partis pour Châlon ;
3.384 — sont partis pour Libourne.
4.278 cavaliers sont partis pour l'est et les Pyrénées.

La composition d'une demi-brigade (197e) est à cette époque la suivante :

Etat-Major

1 chef de brigade commandant.
3 chefs de bataillon.
1 quartier-maître.
1 adjudant-major.
1 officier de santé.

7 officiers.

Troupe

27 compagnies :

3 compagnies de grenadiers à 80 hommes ..	2.880 hommes
24 — de fusiliers à 120 hommes	240 —
97 canonniers dont un officier	97 —
	3.217 hommes

(Arch. Guerre. Côtes de Brest. C. XII.)

de Maulévrier, le repousse dans la forêt de Vezins et rentre à Coron où, le 8, il est attaqué soudain par Stofflet encore.

Il le rejette de nouveau dans la forêt, y détruit, le 11, des établissements de farine et ses hôpitaux, et l'aborde personnellement le 16 mai à Somloire. Un ordre du général en chef lui fait abandonner la poursuite et entrer dans le Loroux pour appuyer les opérations entreprises contre le Marais, où Dutruy avait réussi à prendre pied quelques jours auparavant, y avait saisi un très fort stock de grains et un troupeau considérable de bêtes à cornes et de chevaux, malgré un furieux retour offensif de Charette qui repoussa Beaupuy tout récemment remis de sa blessure d'Entrammes, et posté à Machecoul.

Combat de Somloire (16 mai).

Destitution de Turreau.

Ces quelques succès n'étaient pas sans importance, et, de la réunion éphémère des chefs vendéens, rien ne subsistait en somme que des germes de profonde division. Cependant, le Comité de Salut public, instruit par les représentants et les Comités, dut reconnaître l'inanité du système affreux inauguré par Turreau.

Le 17 mai, ce général était relevé de son commandement et remplacé par le général Vimeux. Le quartier général passait de Nantes à Niort. Carpentier, Robert, Cordellier qui s'étaient faits les stricts exécuteurs des féroces instructions de leur chef, disparaissaient avec lui (1), et devaient s'éloigner de vingt lieues au moins du territoire de la Vendée (2).

(1) Turreau devait faire une brillante carrière sous l'Empire, puis sous la Restauration dont il fut successivement l'ardent serviteur. Le 2 mai 1814, dans un banquet offert aux officiers bavarois, il déclara que son cœur de français se réjouissait du retour du roi (Funck-Brentano, *Joliclerc, volontaire de la Révolution*, p. 139)

(2) Arch. G. C[**] 5/7.

CHAPITRE II

ARMÉE DE L'OUEST :

Quartier général : Niort.
Vimeux, général en chef
(18 mai 1794-26 août 1794).

Le général Vimeux, venu en Vendée avec l'armée de Mayence, un modéré, n'avait pris aucune part à l'exécution du plan de dévastation, et professait même une doctrine absolument opposée. Comme chef d'Etat-Major, à la place de Robert (1), enveloppé dans la disgrâce de Turreau, il prit Beaupuy, partisan comme lui d'une rigoureuse discipline, et dont il fit son inspirateur (2).

Plan de Vimeux.

Le concept nouveau s'inspira de celui de Kléber. Plus de ces marches et de ces contre-marches continuelles qui usaient non seulement les forces, mais encore le moral du soldat. Plus de ces navettes perpétuelles du Bocage au Marais et vice-versa, mais un système fixe, des camps permanents épaulant des reconnaissances toujours en activité et de moyenne envergure.

L'application de ce plan, où se devinait la main expérimentée du général Beaupuy, demandait des effectifs, tant pour garnir les points d'appui que pour alimenter l'appareil mobile. L'armée de l'Ouest comptait à ce moment 30.000 hommes disponibles. Il

(1) Robert, ancien comédien du théâtre de Mlle Montausier, accepta plus tard de descendre du grade de général de division à celui d'adjudant général, pour rester en activité.

(2) Vimeux n'avait pas de réputation militaire. Il avait, pendant près de 15 ans, été recruteur du régiment de Bassigny à Amiens. (*Mémoires du général Aubertin*, p. 146).

en fallait le double, d'après les calculs du chef d'Etat-Major, dont 20.000 sur les côtes.

Aux premières propositions qu'on lui fit, dans ce sens, le Comité de Salut public répliqua par l'envoi d'un plan comportant les articles suivants :

1° Evacuation de Mortagne et de La Châtaigneraie ; abandon de Saint-Florent ; la garde de la Loire exclusivement confiée aux canonnières dont on doublerait le nombre ; dans Montaigu seul, subsisterait un poste de communication entre Nantes et Niort.

2° Au pourtour de la Vendée militaire, Concourson, Bressuire, Parthenay, Luçon, Les Sables deviendront le siège de camps permanents.

3° Deux colonnes de 4.000 fusils et 250 sabres rayonneront entre chacun d'eux.

4° Tous les Vendéens sans exception seront arrêtés et conduits sur les derrières.

Si la Terreur touchait à sa fin, ces articles n'en portaient pas moins encore la marque des dispositions sanguinaires manifestées par Robespierre à l'issue de la Fête de l'Être Suprême ; ils furent d'une efficacité très variable. L'évacuation de Mortagne, venant après celle antérieurement effectuée de Cholet, laissait en possession des royalistes tout le territoire compris entre la Loire et La Châtaigneraie d'une part, Doué-la-Fontaine et Montaigu de l'autre.

Commission de l'agriculture et des arts.

Sous l'influence de Robert Lindet, l'un de ses membres, le Comité de Salut public revint bientôt à des mesures plus humaines, et prescrivit l'envoi en Vendée d'une délégation de la Commission exécutive de l'agriculture et des arts, chargée de recenser la population, de procéder à son désarmement mais non point à son expulsion, d'inventorier les récoltes, mais non point de les brûler. Toute réquisition devait donner lieu à un mandat de paiement, et tout acte de pillage être puni sans pitié par les conseils de guerre.

Se substituant à la Commission d'extraction, ces nouveaux commissaires parcouraient tout le pays, escortés par le général Ferrand, vieux militaire brave et modéré. Ils s'efforcèrent de faire rentrer les cultivateurs, les assurant de l'abandon du système d'extermination, et répandirent partout une proclamation conçue en termes pacificateurs.

C'était adopter, dans leur intégrité, les idées du général Vimeux. Celui-ci, très encouragé, forma aussitôt 5 divisions :

1° Montaigu (général Duquesnoy).
2° Fontenay (général Bonnaire) (1).
3° Doué-la-Fontaine (général Caffin) (2).
4° Tours (général Boucret) (3).
5° La Rochelle (général Dembarrère) (4).

Puis les opérations de police commencèrent.

Mais, le 1er juin, Charette reparaissait ; sortant de La Bésilière, son quartier général momentané, il bousculait une colonne républicaine, et enlevait ensuite un important convoi qui cheminait de Mortagne sur Mormaison. Le 6, les trois armées vendéennes se réunissaient au nombre de 8.000 combattants et attaquaient de nouveau l'adjudant général Boussard, chef du cantonnement de Challans. Leur déroute fut complète. Rendant responsable de l'échec subi l'infatigable chef du camp sous les Sables, Charette, Sapinaud, Stofflet, condamnèrent Joly à mort, puis se séparèrent pour regagner leurs quartiers généraux respectifs, c'est-à-dire Belleville, Les Herbiers, Maulévrier.

Combat de Challans (6 juin).

Dusirat, lancé à la poursuite de Stofflet, ne put l'empêcher de rentrer dans le Bocage avec ses 4.000 hommes et d'y procéder à la réorganisation de son armée, de concert avec l'abbé Bernier, rentré en Vendée depuis avril, nommé par lui commissaire civil auprès des armées catholiques et royales, et destiné à devenir son conseiller très écouté.

Du moins, le succès de Challans permit-il d'achever la conquête du Marais et l'expulsion complète de Pajot. Vimeux renvoya les 1.500 prisonniers faits au cours de cette opération, après une exhortation propre à leur persuader qu'une nouvelle politique s'instaurait.

(1) L. Bonnaire, venu en Vendée comme commandant en second de la division Duquesnoy, chef d'une colonne incendiaire qui brûla, mais ne tua pas. V 4/256.

(2) J. Caffin, commandant de la Garde Nationale de Doué, général de brigade en 1793, général de division après le départ de Turreau.

(3) P. Boucret, chef de bataillon parisien des Invalides, chef d'une colonne incendiaire de Turreau.

(4) Dembarrère, ancien officier du génie. Venu avec la garnison de Valenciennes.

Organisation de camps retranchés.

Neuf camps retranchés sont organisés :

1° La Roulière, général Crouzat	4.000	hommes
2° Montaigu, général Dusirat	1.200	—
3° La Vie, général Guillaume	3.600	—
4° Les Sables, général Dutruy	2.700	—
5° Fontenay, général Ferrand	2.500	—
6° La Châtaigneraie, général Bonnaire	4.600	—
7° Chiché, général Legros	2.000	—
8° Thouars, général Grignon	3.600	—
9° Concourson, général Travot	4.300	—

absorbant 15.000 hommes de garnison.

Puis le réseau se resserre encore. Deux nouveaux camps sont établis à Fréligné pour couvrir le Marais reconquis, et à Saint-Christophe du Ligneron. Pour boucher une lacune révélée par une tentative de Stofflet (12 juillet) sur La Châtaigneraie, Vimeux reconnaît la nécessité d'un nouveau point de suture intermédiaire. Une colonne de protection facilitera le travail et tiendra Charette en échec. Le général Huché, son chef, bat en effet Charette à La Chambaudière, occupe Légé, et pénètre jusqu'à son quartier général de Belleville, lui enlève un convoi le 20, mais tue et brûle si impitoyablement sur son passage que l'effet des proclamations paternelles de Vimeux en est altéré, et la pacification du Marais, en pleine voie de réussite, compromise. Une nouvelle levée d'insurgés se produit. Sapinaud perfectionne son organisation dans le Centre, Stofflet fractionne son territoire en huit divisions, rétablit son hôpital de Vezins, et fait occuper par des postes la rive gauche de la Loire et du Layon.

Deuxième combat de La Chambaudière (17 juillet 1794)

Beaupuy, qui organisait aux Sables la défense de la Vendée maritime, marche alors sur Cerizay, où Richard a remplacé Marigny, tandis qu'un millier d'hommes, sortant du camp de Chiché, s'avance contre Stofflet posté à Noirlieu (2 août), dans une position menaçante pour Bressuire et Thouars. Ces deux démonstrations sont couronnées de succès.

Combat de Cerizay. (2 août).

Révolution du neuf Thermidor.

Cependant, la révolution du 9 thermidor éclatait à Paris (27 juillet). Le cruel Huché, destitué, est décrété d'accusation ainsi que Turreau, relégué depuis sa chute dans le commandement de la place de Belle-Isle (1). Dutruy et Grignon qui ont également compromis leur uniforme dans des boucheries sanglantes, sont suspendus par les nouveaux représentants et emprisonnés. Le général Vimeux lui-même était remplacé.

Il laissait quatorze camps formant autour de la Vendée une demi-circonférence sous-tendue par la Loire. La Roulière, Fréligné, Apremont, Saint-Georges-de-Pointindoux, Nesmy, la coupaient de la côte. Creil-Bournezeaux, Pont-Charron, La Châtaigneraie tenaient la ligne du Lay. Moncoutant formait la liaison avec le Thouet, dont la possession était assurée par les camps de Chiché et du Pont de Vrines. Enfin, le fossé si important du Layon était maîtrisé par Concourson, Thouarcé, Beaulieu.

L'encerclement de Charette et de Stofflet était définitivement établi, mais au prix d'une dépense de 30.000 hommes environ sur 55.000 présents. Le reste formait une colonne agissante sous le commandement du général Ferrand.

(1) Il ne fut jugé qu'en 1795 et acquitté, ses lieutenants profitèrent de l'amnistie générale votée par la Convention en octobre 1795.

SITUATION XVII

(Septembre 1794)

Armée de l'Ouest :

Général en chef : Alexandre DUMAS.
Chef d'Etat-Major : général GROUCHY.

Généraux de division :

VIMEUX et ROBERT ne connaissant pas leur destination ;
DUQUESNOY, malade ;
BONNAIRE ;
CAFFIN ;
DEMBARRÈRE.

Infanterie	36.629 hommes
Cavalerie	4.061 —
Artillerie	3.393 —
Effectif général	44.083 hommes

(Arch. Guerre, Armée Ouest, carton II).

SITUATION XVIII

Les emplacements de l'armée sont :

Machecoul, Saint-Jean-de-Monts, La Thibaudière, camp de la Rouillère, Port-Saint-Père, Paimbœuf, Pornic, Bourgneuf, Ile Marat (Ile Boüin), Isle de la Montagne (Noirmoutier), Challans, Sallertaine, La Barre de Monts, Pont-Château, Le Périer, camp de Perote, Les Sables, Montaigu, Fontenay, Pont-Charron, Thouarcé, La Châtaigneraie, camp de Chiché, Parthenay, Saint-Maixent, Poitiers, Port-de-Claye, La Réorthe, camp de Bisay, Niort, camp de Concourson, Doué, Isle de Rochefort, Pont-libre, Chalonnes, Tours, Viretz, La Rochelle, Royan, Isle de la Liberté, Isle républicaine, Rochefort, Aix.

CHAPITRE III

ARMÉE DE L'OUEST:

Quartier général : FONTENAY.
Alex. DUMAS, général en chef.
(26 août 1794-23 octobre 1794).

Un nouveau venu paraît alors à la tête des affaires : Alexandre Dumas, ancien commandant de l'Ecole de Mars, revêtu, contre son gré, d'une succession peu enviable.

L'état des troupes était déplorable. Rongées de vermine et de gale, elles comptaient une énorme proportion de malades (25 % environ) (1), dont l'usure prématurée devait être attribuée aux excessives fatigues supportées pendant les incessants déplacements transversaux et les opérations conjuguées, sans cesse tentées et toujours déjouées, de l'avant-dernier système.

Dans une armée mal conduite et surmenée tous les liens se relâchent. Des actes d'insubordination journaliers éclataient, causés souvent par la misère. On avait vu les Chasseurs de Cassel, eux-mêmes, refuser de marcher jusqu'à ce qu'on leur eût distribué des chaussures.

Le pillage obligatoire, élevé à hauteur d'un principe par Turreau et d'un procédé régulier de lutte, loin d'enrichir la troupe, avait amené un gaspillage scandaleux de denrées et introduit des habitudes d'autant plus difficiles à extirper que la mauvaise organisation des subsistances les rendait presque inévitables. Cadres et encadrés perdent vite toute moralité dans la pratique

(1) L'opération faite du 31 octobre au 17 novembre 1870 par le IXe Corps allemand constitua un effort exceptionnel (18 jours de marche dont 11 consécutifs). Il entraîna une fonte d'effectifs considérée comme très sensible : 5 à 6 %. Dans une revue passée en pluviôse an II, le commissaire Macquin trouve dans une division 2.878 présents et 2.120 aux hôpitaux (Arch. G. Sous-Com.).

de la maraude. De l'esprit d'obéissance d'antan, les Kléber, les Marceau, les Dubreton n'eussent presque rien retrouvé dans l'armée de l'Ouest, pas plus que des vertus guerrières qu'ils y avaient apportées. Chaque jour, dans chaque cantonnement, le souci ou le prétexte de s'approvisionner en vivres ou en fourrages amenait l'exode d'une partie de la garnison. On punissait bien de temps à autre les manquements trop scandaleux, mais, outre que l'autorité des officiers volontaires sur leurs hommes était nulle, les Commissions militaires, chargées de juger les délinquants, ne marquaient aucune sévérité. Composée de sous-officiers ou de volontaires, pillards eux-mêmes, et à vrai dire, incapables de subsister autrement, elles absolvaient systématiquement ou prononçaient des peines très légères (1).

Dès son arrivée, le général en chef, mis au courant de la situation, expédia des instructions rigoureuses à son personnel. Mais la difficulté de s'imposer à un dispositif aussi dispersé lui démontra la nécessité d'une inspection minutieuse. Il y prit comme un dégoût de sa mission. Il trouva les troupes dans la misère, mal habillées, logées en des camps insalubres et malpropres. Il put entrer dans celui de Chiché, de nuit, sans être reconnu tant le service se faisait mal. « La principale faiblesse de l'armée, écrivait-il au Comité de Salut public, réside dans l'esprit d'indiscipline et de pillage, produit par l'habitude et nourri par l'impunité. Comment l'arrêter ?... La Vendée a été traitée comme une ville prise d'assaut... tout y a été brûlé, saccagé, pillé... Comment convaincre les habitants de votre justice lorsque les troupes volent... de votre respect des propriétés lorsqu'elles pillent ? » (2)

Charette et Stofflet semblaient plus solides que jamais. Dans sa principauté angevine, où la justice se rendait au nom de Louis XVII, le dernier régnait en souverain maître. Logé dans le château de la Morousière, assisté au civil par le curé de Saint-Laud qui occupait le château tout voisin du Lavoir-en-Neuvy, il dirigeait huit divisionnaires, dont chacun entretenait une compagnie d'infanterie soldée, un peloton de cavalerie et une escouade de 4 courriers permanents. Cholet se repeuplait. Le paysan, sorti des cachettes restées inaccessibles aux colonnes infernales, labourait de nouveau. Les manufactures reparaissaient. La création d'un papier monnaie destiné à faciliter les transactions s'étudiait. Le contraste entre cette tranquillité et la

(1) et (2) Arch. G. armée de l'Ouest, Carton 5/32.

désolation des pays occupés par les troupes, l'effet déplorable causé par la dernière campagne de Huché, éloignaient des esprits toute idée de soumission.

Charette, dans le Bas-Poitou, jouissait d'une situation analogue. Son quartier général de Belleville, embelli par la présence de quelques jeunes femmes très élégantes, offrait une animation joyeuse. On y vivait dans une relative abondance, alors que la disette sévissait cruellement parmi les républicains, à Nantes en particulier, où l'on souffrait de la faim.

Partant de ces constatations, Dumas comprit que le commandement piétinerait sur place, tant que la troupe ne serait pas de nouveau soumise à une exacte discipline, et la population rassurée par la répression de la maraude. Quelques exemples éclatants montrèrent sa ferme volonté de réagir. A Paimbœuf, du camp de Bissay, deux chefs militaires furent destitués, l'un pour son inhumanité, l'autre pour sa faiblesse vis-à-vis des pillards. Mais un mal très profond résiste à quelques opérations superficielles et brusques. A celui-ci très enraciné, il fallait une main spécialement experte, sûre d'elle-même, disposant de moyens étendus, ayant pour elle l'autorité et le temps. Dumas manquait du prestige nécessaire tant auprès du pouvoir central qu'auprès du soldat. On continua de se mal garder et de s'éloigner des rangs sans autorisation. Le mauvais exemple venait même de fort haut.

Surprises de La Roulière et de Fréligné

Surprise de La Roulière (8 sept. 1794).

Le 8 septembre, le général Jacob (1) commandant le camp de La Roulière, était à Nantes, en position d'absence irrégulière. Charette paraît à l'improviste, sabre les sentinelles insuffisamment attentives, bouscule les petits postes, fond sur le reste de la garnison et en massacre le plus grand nombre.

Surprise de Fréligné (14 sept. 1794)

Surprise des Moutiers-les-Maufaits (24 sept. 1794).

Huit jours après, le camp de Fréligné subit le même sort, 1.200 hommes y périssent, en même temps que le général Guillaume. Puis le 24, dans l'extrême sud, le poste des Moutiers-les-Maufaits, surpris pour la deuxième fois, livre d'importants approvisionnements. Ravitaillé par ces trois victoires éclatantes, Charette réintègre tranquillement son quartier général de Belleville.

(1) Jacob, de la Garde Nationale de Paris, se livre à de grands excès en Vendée. Suspendu et emprisonné après La Roulière, fusillé en 1797 au camp de Grenelle.

De son côté, Stofflet avait attaqué le camp de Chiché, sans succès, puis porté 2.000 hommes contre celui de Doué-la-Fontaine. Sur le Layon, frontière nord de son domaine, il entretenait une alarme continuelle. Entre les trop larges mailles du filet tendu tout autour d'eux, les rebelles filtrent incessamment par petites bandes, attaquant les convois, interceptant les routes. Entre Charette et Sapinaud, les relations deviennent de plus en plus cordiales et fréquentes. Nantes souffre énormément de la faim.

Ces échecs successifs découragèrent fort le général en chef. Leur étendue, leur multiplicité, lui donnèrent la vision très nette d'une désorganisation encore plus profonde qu'il ne se l'était imaginée. Affamée, dépouillée, usée par un mouvement incessant et stérile, la troupe ne se prêtait plus évidemment à l'obéissance volontaire, seule productive, et toujours accordée par le soldat français à qui lui montre, jointe au souci de pourvoir à ses besoins, la volonté d'économiser ses forces, et une véritable supériorité intellectuelle et morale.

Tant de pratiques détestables et dégradantes, tant de fautes accumulées par des chefs incapables, éphémères, indignes même, lui avaient évidemment fait perdre le respect de l'idée directrice. Une inflexible sévérité pouvait-elle suffire à le lui rendre ? Son emploi exclusif procure l'obéissance passive, mais tue la vie morale. Il fallait vaincre pour rendre à l'armée de Vendée la confiance en ses chefs, et la conscience en sa force. Comment vaincre en pareil état ? Comment introduire quelque homogénéité dans une armée composée des éléments appartenant à 261 corps différents dont 143 d'infanterie, 45 de cavalerie, 73 d'artillerie ; où l'on voyait voisiner des bataillons d'infanterie de 18 officiers et 236 soldats par exemple (1) avec d'autres dont l'unique officier menait deux hommes de troupe (2) ; où l'entretien de 66 garnisons différentes réduisait l'ensemble à n'être qu'une sorte de poussière à la merci d'un souffle ?

L'opinion publique et le pouvoir, peu au courant de la réalité des choses, ne pouvaient concevoir comment deux ou trois clans minuscules de révoltés, bloqués en d'infimes enclaves, pouvaient tenir en échec 40.000 de ces soldats, partout ailleurs vainqueurs, dont les pareils venaient même de triompher avec un extraordinaire éclat des plus vieilles armées de l'Europe. L'Etat-Major

(1) Le 77e d'infanterie.
(2) Les Vengeurs de Bressuire.

SITUATION XIX

(Décembre 1794)

Armée de l'Ouest :

Créée le 6 octobre 1793, par transformation des Côtes de La Rochelle, avec emprunt à celle des Côtes de Brest, de Nantes et de la rive droite de la Loire.

Général en chef : CANCLAUX.

1re Division dite de droite, Les Sables, général DESCLOZEAUX	31.896	hommes
2e d° d° du centre, La Châtaigneraie, général BONNAIRE	16.650	—
3e d° d° de gauche, Concourson, général CAFFIN	17.596	—
4e d° d° de garnison, Vendôme, adjudant général FABARD	1.641	—
5e d° d° de garnison, La Rochelle, général VIMEUX	6.521	—
Effectif général	74.304	hommes

(Arch. Guerre. Sections, Armée Ouest, carton II)

SITUATION XX

En février 1795, le général Beaupuy commande la 1re division, et le général Canuel en forme une sixième avec les éléments les plus divers. Ses 551 cavaliers appartiennent à sept unités différentes, et ses 1.397 artilleurs à vingt-huit.

Mars 1795

L'effectif général tombe à 49.732 hommes et celui de la 1re division à 19.491.

Juin 1796

L'effectif général remonte à 67.000 hommes dont 40.000 sous les armes :

29.377 d'infanterie de ligne,
3.257 — légère,
3.933 d'artillerie,
1.146 de cavalerie,
et le reste en gendarmes et en sapeurs.

Il y a beaucoup de malades, presque tous galeux.

(Armée Ouest, carton V).

eût pu s'appuyer sur les municipalités. Or, celles-ci marquaient à son égard, non seulement de la méfiance, mais une véritable exaspération, car elles ne pouvaient non plus concevoir, elles aussi, à quelles considérations il avait pu obéir en expulsant les réfugiés patriotes, et en étendant aux marches républicaines les dévastations systématiques infligées aux territoires révoltés. Luçon, Niort, les Sociétés populaires de Fontenay, de La Châtaigneraie s'emportaient en accusations de tout genre. A Luçon, le conflit était aigu et journalier.

Succombant devant tant de difficultés, estimant au-dessus de ses forces une œuvre exigeant « des talents indépendants des connaissances militaires », le général Dumas donna sa démission.

CHAPITRE IV

ARMÉE DE L'OUEST :

Quartier général : NANTES.
CANCLAUX, général en chef
(23 octobre 1794-31 août 1795).

La nécessité de pourvoir au remplacement du général Dumas mit le Comité de Salut public dans un très grand embarras. Tant de généraux avaient perdu leur renommée ou leur vie dans cette lutte fratricide ! Chacun se dérobait (1). On se souvint enfin du chef distingué, de l'administrateur habile et intègre, aussi modeste que brave, qui, touchant au triomphe et forcé de céder la place à Rossignol, s'était retiré avec tant de dignité tranquille.

Le général Canclaux joignait à une connaissance parfaite des choses vendéennes, une modération de vues cadrant très bien avec la nouvelle orientation donnée aux affaires publiques. La Montagne s'écroulait. Carrier allait monter sur l'échafaud. Victorieuse de la coalition à Hondschoote, à Wattignies, à Fleurus, conquérante de très haute lutte de la rive gauche du Rhin et de la Hollande, la République pouvait appliquer au rétablissement de l'ordre à l'intérieur plus de force, et une clémence plus sûre d'elle-même. Les trois généraux en chef appelés à opérer de concert partageaient la même façon de voir, c'est-à-dire Canclaux à l'armée de l'Ouest, Dumas passé au commandement des Côtes de Brest, et Hoche pourvu de celui des Côtes de Cherbourg depuis août 1794.

Plan de Canclaux.

Canclaux demanda 50.000 hommes, pour occuper les points

(1) Bonaparte se laissa rayer de la liste des généraux le 1er septembre 1795, plutôt que d'accepter un emploi dans la Vendée. P. 3/48.

stratégiques et poursuivre sans relâche les rassemblements. De Mortagne, des colonnes rayonneraient en tous sens. Bien approvisionnées en vivres, ne requérant que contre espèce, elles ne laisseraient aux fauteurs de pillage aucun sujet d'exercer leurs rapines.

Le gouvernement ordonna donc le passage de 1.000 hommes des Côtes de Brest à l'armée de l'Ouest. Dumas, chef de la première de ces armées, se déclara, dans ces conditions, incapable de procéder à la répression de la chouannerie. On le déplaça une seconde fois, et le général Hoche, groupant sous sa direction toute la rive gauche de la Loire, s'exécuta à sa place, grossissant même le contingent fixé de 6.000 autres soldats fournis par les Côtes de Cherbourg.

Elevant alors de nouveaux camps aux Ponts-de-Cé, près de Nantes et à Clisson, Canclaux ravitaille Montaigu et Machecoul, puis se porte dans le nord-est du Bocage. Il établit encore un camp à Preuil, pour faciliter la liaison avec celui de Concourson. Par une chaîne de postes égrenés tout le long de la Sèvre Nantaise, il rend plus complète la séparation entre Stofflet et Charette, les deux émules alors absolument brouillés, mais qui pouvaient cependant, sous l'influence de certaines considérations, être amenés à joindre encore leurs forces. Continuant son inspection, Canclaux vit successivement le siège de ses cinq divisions, c'est-à-dire Les Sables, La Châtaigneraie, Concourson, Vendôme, La Rochelle, puis il s'occupa d'organiser une reprise d'offensive.

Amnistie générale.

Mais, à son retour à Fontenay, il apprit, le 2 décembre, que la Convention avait voté une amnistie générale dont pouvait bénéficier tout Vendéen soumis dans le délai d'un mois. Le gouvernement autorisait même à négocier avec les chefs royalistes. Une proclamation, conçue en termes très modérés, devait être affichée partout.

Négociations avec les chefs royalistes.

Les circonstances se révélaient favorables. Entre Charette et Stofflet, la mésintelligence grandissait chaque jour. Les deux chefs du Haut-Poitou et du Centre, très irrités de la création du papier monnaie stofflétien, et du cours forcé qu'on prétendait lui attribuer dans toute l'étendue de la Vendée militaire, convoquèrent impérativement, à Beaupréau, leur collègue d'Anjou qui s'abstint. Le déclarant déchu, ils condamnèrent l'émission de son papier-monnaie, et proclamèrent rompu par lui le pacte de la Boulaye.

Le gouvernement enregistrait un grand succès. L'interdépendance des chefs vendéens, jusque-là redoutables, pouvait être complètement rompue, si, profitant des circonstances, on en amenait quelques-uns à se soumettre. Le 9 janvier, dans une grande revue de la garnison de Nantes, l'amnistie est solennellement proclamée. La Convention abolit par décret le jugement de condamnation à mort prononcé contre la veuve de Bonchamps, aussitôt libérée de prison. Il agit de même vis-à-vis de Mlle de Charette, qui accepte une mission spéciale près de son frère.

Celui-ci lui fit bon accueil, ainsi qu'à trois autres émissaires qui se succédèrent à son quartier général de Belleville, Mme Gasnier-Chambon, M. Bureau de la Bâtardière, et un médecin de Nantes. Il désirait gagner du temps. Des préparatifs se faisaient en Angleterre. Il commençait à éprouver des difficultés à fournir aux besoins matériels de sa troupe, à son approvisionnement en munitions surtout.

Deux de ses lieutenants, de Bruc et de Béjarry, entrèrent à Nantes, porteurs de pouvoirs étendus (13 février). Stofflet, averti, fit parcourir le pays par ses chasseurs, et menacer de mort quiconque entrerait en relations avec les Bleus.

Bien qu'il parût plus habile à certains de laisser se creuser chaque jour davantage le fossé qui séparait les chefs vendéens, Menuau, un des auteurs du décret d'amnistie, réussit à obtenir de Stofflet une entrevue au pont du Lys, à Vihiers, dans laquelle fut arrêtée une suspension d'armes de douze jours.

Le 11, le château de La Jaunaye, près de Nantes, groupa sur un pied parfait d'égalité onze représentants et les trois généraux en chef, Canclaux, Charette et Sapinaud, ces deux derniers assistés de Fleuriot, Béjarry et de Bruc. Le Comité de Salut public avait mis à la disposition de ses négociateurs une somme de 20 millions pour amener à bien l'œuvre de la pacification.

Traité de la Jaunaye (17 fév. 1795).

Un traité de vingt-trois articles fut discuté et finalement adopté. Les chefs vendéens reconnaissaient la République qui payait les frais de la guerre ; la religion catholique pouvait être librement exercée, les insurgés rentraient dans la propriété de tous leurs biens, toute recherche pour le passé était absolument interdite.

Chaque chef était autorisé à entretenir une Garde territoriale soumise aux autorités républicaines civile et militaire, soldée par le Trésor public, comptant 2.000 hommes d'élite qui devait contribuer au rétablissement de l'ordre, conjointement avec vingt compagnies d'infanterie légère, d'un effectif total de 2.000 fusils.

Pendant les pourparlers, quatre chefs divisionnaires de l'Anjou parurent, et manifestèrent le désir de voir leur général représenté ; celui-ci fut convoqué, mais, depuis trois jours, Charette avait signé le traité quand Stofflet et l'abbé Bernier se présentèrent. Ils réclamèrent un délai d'un mois puis se dérobèrent brusquement aux cris de : Vive le roi.

Dans Nantes, délirante de joie, les représentants, les généraux vendéens soumis, entourés d'un brillant cortège, firent une entrée triomphante (25 février 1795) par le pont de Pirmil.

Opposition de Stofflet au traité de la Jaunaye.

Deuxième réunion de Jallais (2 mars 1795).

Stofflet, retiré dans le Bocage, y organise une protestation véhémente contre la politique de Charette. Le 2 mars, il convoque à Jallais ses divisionnaires et 55 chefs secondaires (1). L'assemblée déclare traîtres les signataires du traité de La Jaunaye, et tous ceux qui répandraient les placards de la République. Stofflet, le 4, lance, de Saint-Macaire-en-Mauges, une proclamation violente ; dans la nuit du 6, il envahit Beaurepaire, quartier général de l'armée du Centre, dévaste le château, emmène 60 chevaux, emporte la caisse de Sapinaud, puis, le 12, condamne à mort et fait sabrer dans la forêt de Maulévrier, Prudhomme, son chef divisionnaire du Loroux, coupable d'avoir signé à la Jaunaye.

Canclaux fait aussitôt occuper Chalonnes le 14 mars et Saint-Florent le 18. Un retour offensif des Bocains sur le premier point, et de Stofflet en personne sur le second, sont repoussés le 18 et le 22 ; toute communication est coupée entre les deux rives de la Loire.

Trois colonnes, commandées par Beaupuy, Canuel et Beaurepaire, sont aussitôt dirigées sur Stofflet en retraite ; elles entrent dans Châtillon, Maulévrier et Cholet le 31 mars. Des détachements mixtes de partisans comptant 300 fantassins choisis et 20 cavaliers, sillonnent le pays en tous sens. Stofflet, réduit à se cacher, accepte une entrevue de l'adjudant-général Becker, le 26 mars, puis une seconde des représentants, le 8 avril, à La Haye de Mortagne. Mais il se dérobe encore.

Combat de Chanzeaux (10 avril).

L'occupation de Neuvy, et le combat de Chanzeaux (10 avril),

(1) Dont Cady, Forestier, Richard et Delaunay, lequel venait d'abandonner Charette avec éclat. Ch. D P 5/99, note.

Paix de St-Florent (2 mai).

marqué par une résistance acharnée des habitants du village, terminent l'occupation complète des Mauges. Les quartiers de Stofflet sont culbutés dans la forêt de Vezins ; il se voit obligé, le 2 mai, à Saint-Florent, d'accepter les clauses du traité consenti tout récemment à La Mabilais par Hoche aux chefs de la Chouannerie bretonne, et qui constituait une réplique de celui de La Jaunaye.

Courte suspension d'hostilités.

« Il n'est heure, a dit Montaigne, où un chef doit avoir plus l'œil au guet que celle des départements et traictez d'accord (1). »

Dans sa prévoyance et sa perspicacité, Canclaux jugeait la pacification plus apparente que réelle. Aussi consacra-t-il ses premiers loisirs à séparer le Bocage du Marais par une barrière de plus en plus solide. Vingt-six postes fortifiés jalonnèrent la ligne de la Sèvre Nantaise, il les munit d'une garnison de 4 à 500 hommes chacun, les astreignit à une interliaison constante, et ne rentra dans Luçon qu'après avoir achevé l'investissement de l'Anjou.

Dès le 16 mai, on lui signalait la disparition de Stofflet parti de Maulévrier pour rejoindre à Beaupréau Sapinaud et Charette. Un envoyé du comte d'Artois, le marquis de Rivière avait obtenu des généraux vendéens qu'ils se rapprochassent ; il avait apporté aux deux principaux d'entre eux, outre la promesse d'une arrivée prochaine du prince, des brevets de maréchal de camp, de lieutenant général et de grand-cordon de Saint-Louis : ces deux derniers pour Charette, le premier pour Stofflet.

Déjà les deux chefs maraichins Pageot et Dabbaye s'étaient glissés dans le marais breton, et réoccupaient quelques postes évacués. Des conflits constants troublaient les frontières communes, causés le plus souvent par la dispute des subsistances. La disette était encore grande. Le pain, à Nantes, valait 4 francs la livre. La division Canuel n'avait longtemps touché de cette indispensable denrée qu'une livre par homme et par jour. Cholet venait d'en manquer, trois journées durant, les paysans ne voulant en vendre à aucun prix aux républicains. D'où une désertion effrayante : 82 hommes du 30e *bis* des Chasseurs de La Châtaigneraie, par exemple, s'esquivant ensemble, avec armes et bagages.

(1) Liv. I, chap. V.

Deuxième conférence de la Jaunaye (8 juin).

Canclaux s'inquiétait de tous ces symptômes ; la menace d'un débarquement anglais se précisant, il fit une démonstration par Fontenay, La Roche, Aizenay, puis, de concert avec les représentants, provoqua une seconde conférence de La Jaunaye le 8 juin. Elle resta sans résultats.

Il avait fallu expédier des renforts en Bretagne. La 1re division (Canuel), chargée de la garde du littoral, tomba de 36.046 hommes à 19.491. Cette saignée réduisait à néant la force d'une unité déjà très inconsistante, assemblage de 43 corps d'infanterie et dont les 1.397 artilleurs appartenaient à 28 unités différentes. Il fallut dégarnir les postes de l'intérieur au profit du camp de L'Oie, de Palluau, de Machecoul.

Reprise des hostilités.

Profitant de cette situation, Charette, le 17 juin, lança un ordre de rassemblement, dont le but apparent était de recruter la garde territoriale qu'autorisait le traité de La Jaunaye.

Le 25, il attaquait le poste des Essarts qui le séparait de Sapinaud, puis lançait un manifeste de rupture. Stofflet ne bougea point ; deux de ses envoyés, Scépeaux et Béjarry, exposaient, en ce moment, au pouvoir central, les doléances des pacifiés.

Les hostilités affectèrent le Haut-Poitou seulement, et encore de façon intermittente et peu active. Les deux partis s'observèrent, comme immobilisés par l'attente des événements, d'un intérêt capital, qui se déroulaient du côté de Quiberon. Canclaux, malade, s'appliqua surtout à sauvegarder les côtes, ne conservant finalement de forces qu'à Machecoul et La Mothe-Achard.

Débarquement de Saint-Jean-de-Monts.

Vers la fin de juillet, on apprit les victoires de Quiberon et, quelques jours après, une escadre britannique apparaissait en vue de Saint-Jean-de-Monts. La garnison de Saint-Gilles sortit. Savin la repoussa. Renforcée, elle apparut de nouveau. Charette était là cette fois avec 12.000 paysans, et maître absolu de la situation. Un convoi de 75 voitures d'effets, 40 milliers de poudre, 1.200 fusils, deux canons, 50.000 francs en numéraire, prit le chemin de Belleville.

Dès le 16 août, le Comité de Salut public décrétait la reprise de l'offensive énergique contre Charette, et ordonnait une conférence des généraux en chef : Aubert du Bayet, des Côtes de Brest, Hoche, des Côtes de Cherbourg et Canclaux. On y résolut l'attente de renforts annoncés des Pyrénées. Seul, Hoche se prononça pour une action immédiate. Le pouvoir central, l'approuvant, lui donna, le 20 août, le commandement de l'armée de l'Ouest, avec Grouchy comme chef d'Etat-Major général.

SITUATION XXI

(Situation au 11 septembre 1795)

Armée de l'Ouest :

Général en chef : Hoche.

1re Division, Machecoul : général Canuel.
2e — Cholet : général Caffin.
3e — Fontenay : général Beauregard.
4e — Les Sables : général Bournet.
5e — Noirmoutier : général Chalbos.
6e — La Rochelle : général Vimeux.

Effectif : 57.153 présents.
35.589 sous les armes.
13.700 malades.

SITUATION XXII

En décembre 1795, l'armée de l'Ouest, qui va devenir la grande division du sud de l'armée des Côtes de l'Océan, compte huit divisions dont les titulaires sont :

1re Division : général DESROQUES.
2e — — CAFFIN.
3e — — WILLOT.
4e — — DESSEIN.
5e — — »
6e — — VIMEUX.
7e — — BEAUREGARD ; quartier général : Poitiers.
8e — — CHALBOS ; quartier général : Tours.

(Arch. Guerre, armée Ouest, carton VI).

CHAPITRE V

ARMEE DE L'OUEST :

Quartier général : FONTENAY.

HOCHE, général en chef.

(29 août 1795-30 mars 1796)

Un homme au génie clairvoyant, en pleine possession de ses facultés, se revêtait enfin de l'autorité suprême. Comme à l'un de ses prédécesseurs immédiats, la tâche lui apparut double, mais non point supérieure à une bonne volonté ou à des forces intérieures, dont une série d'éclatants succès lui avaient révélé l'étendue.

A des systèmes incertains et contradictoires, superposés surtout les uns aux autres, avec une rapidité et une variété déconcertantes, allait succéder une doctrine sûre d'elle-même, déduite de la méditation constante des faits, consacrée par une pratique journalière de la guerre chouanne.

Au militaire : fondre avec impétuosité sur les chefs encore debout, les pourchasser sans répit, les enlever même à prix d'or, désarmer.

Au politique : s'attaquer à l'esprit de rébellion, moins encore dans ses manifestations extérieures, destinées à s'affaiblir de jour en jour, que dans ses causes intérieures et profondes, toujours vivantes. Celles-ci pansées, celles-là périssaient. Donc ramener par la pratique de la tolérance, de la douceur, de l'humanité ; apprendre au soldat à voir « dans chaque insurgé soumis un frère. » Conquérir, en un mot, l'opinion en même temps que le sol.

Tel est le programme dont l'accomplissement va se poursuivre résolument, avec une application soutenue, à travers mille difficultés soulevées, non seulement par l'adversaire, mais par l'ami encore et le compagnon d'armes lui-même.

Conquête du sol.

Il fallait, pour conquérir le sol, réduire avant tout un champion passé maître dans sa manière. Charette puisait sa réelle supériorité, — laissant percer du génie, dira Napoléon —, moins dans un extrême mépris du danger, moins dans une adresse pleine de ruse, moins dans une imperturbable présence d'esprit, que dans une rapidité d'allure et une aptitude au mouvement telles, qu'il parvenait en général à combattre où il voulait et quand il le voulait, ce qui constitue le suprême de l'art.

Le républicain pouvait-il se montrer aussi leste, et, le contact une fois pris, le conserver ou le quitter à son gré ? Pouvait-il plonger aussi vite dans les haies sans nombre, traverser d'un trait les jachères arborescentes, dévaler au long des coulées masquées de brousses, pour bondir soudain du chemin creux dans la glèbe ? Pouvait-il se mouvoir avec une pareille maîtrise, du Marais, passer d'un trait au Bocage, ayant paru au nord, s'évanouir soudain pour reparaître à l'ouest, dans l'est, au midi ?

Non ! C'était désormais acquis. A cela mille et une causes, dont le manque de cartes ou de guides sûrs, dont la nécessité de se charger de ses vivres, alors que l'adversaire trouvait si facilement les siens au creux des silos ou dans les réserves secrètes, dont l'extrême importance d'éviter aux colonnes ces allongements qui laissaient aux royalistes tant de traînards, autrefois simplement fondus, et massacrés aujourd'hui sans merci.

Ce postulat établi, que l'activité maraîchine ne pouvait être égalée, celui-ci s'imposait : l'aire dans laquelle cette redoutable activité se manifeste sera réduite. Renforcée de toutes les garnisons inutiles (1) où la troupe croupit et défaille d'ennui, la ceinture de camps retranchés se contractera, se renforcera. Impossible à briser, elle interceptera toute communication entre les chefs royalistes, réduits à n'être plus que des chefs de bande, sans liaison mutuelle. Munie de manutentions nombreuses, elle

(1) Au commencement de 1796, l'armée de l'Ouest fournissait 77 garnisons dont certaines assez fortes : Cholet 1.069 hommes, Beaupréau 496. (Arch. G. Armée Ouest, carton XX).

épaulera bien les groupes mobiles qui, périodiquement, y trouveront nourriture et repos (1).

L'isolement matériel devra se doubler, pour le rebelle, d'un isolement moral de plus en plus complet. Une divergence d'intérêts et de vues a toujours existé entre l'armée du Bas-Poitou et de celle d'Anjou. Chefs et soldats ne se sont jamais aimés. Ils se haïront aujourd'hui ; la discorde ira s'envenimant.

Si des cavaliers vendéens ont déjà culbuté et pillé le quartier général de Sapinaud, et des sabres vendéens taillé Prudhomme en pièces, si des mains vendéennes abattent bientôt Marigny et Joly, les chefs de la première heure, de secrètes intelligences, auxquelles se prêtera très probablement l'abbé Bernier lui-même, sèmeront le désordre dans les esprits des généraux vendéens:

Bientôt le comte d'Andigné, envoyé près de Stofflet, pour lui arracher une promesse de levée de boucliers, en recevra cette réponse : « Que la tête de Charette tombe, et tout ira bien ! » (2) Bientôt Hoche pourra écrire au Directoire : « Egaillez-vous, les gars », est actuellement la devise des chefs ».

Et dans cette œuvre politique, où plusieurs de ses devanciers s'étaient essayés déjà sans grand succès, le si jeune général en chef aura déployé une clairvoyance, une connaissance du cœur humain, joints à une force de séduction toute particulière.

Conquête de l'opinion.

Car, dans cette conquête de l'opinion — partie si importante de son programme — de très grandes dames royalistes deviendront ses agents dévoués. La marquise de Grégo, la vicomtesse Turpin de Crissé, travailleront les esprits en sa faveur, obtiendront des soumissions inattendues et nombreuses. Dans le petit compartiment où son activité s'enclôt, le chef vendéen sentira le vide se faire autour de lui, et s'éloigner des appuis uniques, tels que le paysan et le prêtre, c'est-à-dire la force matérielle et la force morale.

Loin de persécuter le clergé, Hoche fera tout pour se le concilier. La promulgation de la loi du 2 ventôse sur la liberté des

(1) A la fin de la guerre du Transvaal, alors que 15.000 hommes environ en harcelaient 280.000 (évaluation faite par les Boërs à la séance du Volkraad du 16 mai 1902), les Anglais durent faire appel à un système semblable à celui de Hoche. Ils dressèrent cette chaîne de blockhaus dont Botha disait qu'elle « créait tant de difficultés, et grâce à laquelle les commandos seraient peu à peu capturés. » De Wet, *Travaux de guerre*, p. 346.

(2) *Mémoires du Comte d'Andigné.*

cultes sera entourée par ses soins d'un grand éclat. Les Vendéens, depuis longtemps déshabitués d'un pareil spectacle, verront avec étonnement les officiers républicains, devenus des messagers de concorde religieuse, faire dire des messes, y assister même (1). Le curé de Saint-Philbert-de-Grandlieu, capturé, conduit en misérable état au général Gratien et croyant marcher à la mort, en recevra secours, vêtements ecclésiastiques, faculté de célébrer les offices, et deviendra un partisan très actif de la soumission, et un agent d'un dévouement infatigable.

Suspecte-t-on la sincérité des intentions du général en chef ? Celui-ci proclame que l'on peut venir célébrer la messe « même dans sa propre chambre » (2). Du haut des chaires vont tomber désormais des exhortations pacifiques, et, après la mort de Stofflet, le comte d'Autichamp cherchant à réorganiser l'armée d'Anjou, échouera surtout à cause « des grands partisans que les bleus ont réussi à se faire dans le clergé (3). »

Vis-à-vis du paysan, dont l'esprit est encore obsédé par d'affreux tableaux de ruines et de massacres, il adoptera la même politique de douceur ferme. « Rapprochez-vous de l'habitant des campagnes, ne cessera-t-il de recommander, c'est principalement par la douceur et la persuasion qu'il se soumettra. »

Résistance des pouvoirs locaux.

La nouveauté, la hardiesse de pareilles idées ne pouvaient manquer de faire naître bien des méfiances, des haines, même parmi les partisans encore nombreux et résolus de la manière forte, aussi bien que dans la foule insupportable des inintelligents, auxquels les causes d'une pareille évolution ne pouvaient apparaître. En dépit de sa devise : « Res non verba », Hoche dut affronter une correspondance étendue.

Avec le gouvernement, car les dénonciations pleuvent, communiquées d'ailleurs aussitôt au général qui les réfute ; avec les subordonnés, car il faut leur marquer, avec précision et netteté, la marche à suivre et la mesure à observer ; avec les municipalités enfin.

Aigries par les misères, les craintes, les déceptions, pleines de méfiance envers les autorités militaires, dont les fluctuations

(1) Bittard des Portes, p. 1/248.
(2) Lucas Championnière, p. 174.
(3) *Mémoires du Comte d'Autichamp.*

leur ont causé tant de souffrances, celles-ci se refusent aux réquisitions indispensables. Trouvant, elles-mêmes, tant de difficultés à vivre, elles s'entêtent à ne point se sacrifier à l'intérêt général qui guide Hoche et le soutient dans ses exigences. Mille imprécations s'élèvent contre « le nouveau Turreau. »

Or, c'est là le point principal d'un programme qui poursuit la disparition de la famine dans les rangs, dans les ports, dans les îles, et veut l'extirpation du chancre qui ronge et infecte l'armée : le pillage. Sans distribution régulière, pas de discipline ; sans discipline, pas de pacification.

Hoche multipliait explications, exhortations. Le gouvernement central lui accorda heureusement ce plein crédit que n'avait connu aucun de ses devanciers. On lui laissa (1) une indépendance précieuse ; il ne connut plus cette ingérence des députés éparpillés sur le territoire (2), qui avait si souvent entravé les initiatives. Une fois pour toute, le Comité fixe que « pour quelque cause que ce fut, les représentants près l'armée de l'Ouest ne pourront donner ni suspendre aucun mouvement de troupes, lesquelles demeureront exclusivement à la disposition des généraux. »

Premières opérations de désarmement.

Tout au long de la Vie, les camps retranchés s'étaient élevés, le Marais formait comme une enclave complètement séparée du terrain de parcours de Charette, dont le ravitaillement en denrées et en hommes se trouvait dès lors à peu près tari. Puis cette chaîne fortifiée se relia bientôt, par un arc de cercle de postes, à la Sèvre précédemment garnie par Canclaux.

Derrière ce rideau protecteur, le désarmement commença. Avec la moindre somme de violence, avec tous les ménagements compatibles, mais avec un ferme esprit de suite, on saisit les bestiaux, les grains, les farines, pour ne les restituer que contre la remise d'un stock d'armes proportionnel à la population.

Pour recouvrer ses bœufs, objet de sa constante sollicitude et de son affection, le Vendéen apporte aussitôt tout son équipage de guerre. Certains livrent des pièces inutilisables, des trompe-l'œil ; leur bonne foi n'est pas entière ; ils attendent

(1) Le ministre de la guerre Pétiet le soutint énergiquement et défendit son procédé de réquisition pour faire vivre son armée en attendant que la Trésorerie put faire des envois de fonds.
(2) P 1/132.

manifestement la saison prochaine. On n'y regarde pas de trop près. Au printemps Charette sera réduit.

Puis, une deuxième ligne de postes court bientôt parallèlement à la première, et, dans l'interzone concentrique, s'entame une seconde série d'opérations menées par deux colonnes mobiles de désarmement de 1.200 hommes, lesquels sont relevés chaque quinzaine, afin de laisser « reposer les uns et s'éloigner les autres du contact des populations, en entretenant leur activité. »

Apparition du comte d'Artois *(septembre-novembre 1795).*

Le 18 septembre 1795, Hoche signait l'ordre de pénétrer sur trois colonnes dans le pays de Charette : Grouchy par Sainte-Hermine, avec 6.636 hommes ; Canuel par La Garnache, avec 6.112 hommes ; Hoche par les Treize-Septiers, en sortant de Clisson avec 5.542 fusils. Aux Herbiers, Boussard, avec 6.000 hommes, empêchera toute communication entre les Maraîchins et Stofflet. Le pillage sera rigoureusement réprimé ; les généraux dégraderont publiquement tout chef tolérant la maraude. Au surplus, on passera toutes les nuits au bivouac.

Mais, dans les cinq jours, une escadre anglaise paraissait en vue de Noirmoutier. Elle portait, aux Vendéens, le chef suprême attendu depuis si longtemps : le comte d'Artois.

Hoche, arrêtant tout autre projet, gagna Machecoul, jeta 2.000 hommes de renforts dans l'île, puis il prit position aux environs de Bourgneuf.

Affaire de Saint-Cyr-en-Talmondais (25 sept. 1795).

Pour l'attirer, et ménager au prince la possibilité de prendre terre, Charette tente alors une diversion dans le sud. 10.000 paysans et 900 cavaliers attaquent Saint-Cyr-en-Talmondais, importante tête de pont sur le Lay. Sans se laisser intimider par la supériorité numérique, la garnison — un bataillon de la 157e — se retranche dans l'église. Sa résistance opiniâtre permet à l'adjudant général Delaage (1) d'accourir de Luçon. Charette mis en déroute, perd Guérin, un de ses meilleurs lieutenants. Les paysans se dispersent.

Victoire de très graves conséquences ! Charette, coupé du littoral, éprouve dès lors les plus grandes difficultés à entrer en communication avec le prince. Celui-ci est arrivé plein d'illu-

(1) Delaage devait plus tard recevoir de l'Empire le titre de « baron de Saint-Cyr » en souvenir de cet exploit.

sions (1). Vivant encore sur le souvenir de la Grande Guerre, dont il n'a connu que très tard l'importance et les péripéties, il s'imaginait trouver en Charette le chef de contingents puissants tenant en échec les troupes républicaines. Or ce chef n'arriva même pas à faire connaître son refuge ! C'est d'un fugitif introuvable qu'il s'agit. En telle compagnie, il va falloir sans doute hussarder, chouanner, comme Henri IV un siècle auparavant, aux mêmes lieux, et promener sans la même bonne humeur, un harnais aussi pauvre.

Hoche, lui, ne perdait pas un instant pour tirer parti de son succès. Grouchy, dépêché aux suites de Charette, manque celui-ci de quatre heures, mais saisit dans Belleville son hôpital et sa boulangerie. Le général Canuel garnit la côte et s'établit de sa personne à Challans avec 6.000 hommes ; la division Bonnaire occupe tous les carrefours importants du secteur Saint-Fulgent-Tiffauges-Légé ; Delaage campe sur le Lay ; Grouchy ira installer au camp de La Haye, 10.000 hommes venus des Pyrénées ; quatre bataillons renforcent la garnison de Cholet (général Caffin), qui surveille Stofflet.

Encore plus que la menace d'une descente, la question du pain quotidien donne au général en chef les plus grands soucis : Nantes jeûne toujours entre les greniers naturels de Bretagne et de Vendée, complètement fermés à ses achats, et une mer par où elle s'approvisionnait jadis, mais dont les Anglais sont les maîtres. La garnison elle-même n'y touche pas la ration normale. A Cholet, au cœur d'un pays agricole très fertile, le soldat reçoit quotidiennement douze onces de pain et six de riz. Il déserte. Les 1re et 4e divisions — Machecoul et Les Sables — ne peuvent se ravitailler que par un très long détour, par Niort et Luçon. D'où des retards considérables augmentés encore par les continuelles incursions de Charette. Il faut à tout prix réduire celui-ci.

Dès octobre, six colonnes mobiles sont formées. Celle des Sables (Travot), de La Roche-sur-Yon (Delaage), de Montaigu, de Clisson comptent, chacune d'elles, 2.500 fantassins, 50 cavaliers, 6 guides, 20 mulets de bât ; la 5e, dénommée de Nantes-sud, aligne 600 hommes ; la 6e, du Loroux (Watrin), 1.000 fusils.

(1) La note suivante avait été envoyée au régent d'Angleterre, le 27 février 1795, par l'agence royale de Paris. « Le général Charette a maintenant sous ses ordres, trois corps d'armée de plus de 20.000 hommes chacun. A ces trois corps d'armée il faut joindre la cavalerie la plus belle du monde et un enthousiasme chevaleresque. » *Stofflet et la Vendée*, p. 358.

Une division de désarmement, forte de quatre brigades, forme la masse principale.

Perte de Mortagne (3 octobre).

Mais Sapinaud, resté jusqu'ici très inactif, rentre en lice et enlève Mortagne le 3 octobre. Hoche répare vivement cet échec, garnit plus solidement le fossé profond qui sépare l'armée d'Anjou de celle du Centre ; 5.000 fusils avec Grouchy s'acharnent contre Charette qui court de bois en bois, toujours sans nouvelles du prince et bientôt réduit à 500 cavaliers.

Le comte d'Artois, de son côté, avait pris pied à l'île d'Yeu depuis le 2 octobre. Un de ses messagers réussit enfin à franchir la ligne des postes républicains, et à porter une promesse ferme de prochain atterrissage à Charette. Celui-ci choisit le village de La Tranche, au sud des Sables, et convoque ses paroisses dans les landes de Belleville, à une marche de la côte, non loin de La Roche-sur-Yon. L'arrivée d'un Bourbon fait naître de telles espérances que 15.000 hommes répondent à l'ordre de rassemblement. L'enthousiasme est général. Soudain un aide de camp paraît. Il est seul. La tentative est encore une fois remise. La troupe se dissout, désillusionnée. La rage au cœur, Charette rebrousse vers Aizenay.

Combat de Saligny (17 novembre). Combat de la Ferrière (21 novembre). Combat des Landes-Génusson (24 novembre).

Le 17, les colonnes mobiles de Travot et de Delaage le joignent à Saligny, le rejettent vers le bois des Gâts, le battent de nouveau près de La Ferrière. Pendant ce temps, le contingent venu des Pyrénées (1) chasse Sapinaud de son quartier général, lui enlève d'importants approvisionnements, lui inflige une deuxième déroute à Clisson. En vain les deux chefs défaits se rejoignent-ils pour attaquer la brigade de désarmement (Watrin), aux Landes-Génusson. Ils échouent.

A ce moment, le comte d'Artois faisait connaître son abandon définitif (18 novembre). Charette sut cacher son désespoir, mais ses divisionnaires ne l'imitèrent point et entrèrent en pourparlers, à La Roche-Servière, avec le général Gratien : Couëtus, entre autres, un des promoteurs de l'insurrection dans le pays de Retz. Tous présentèrent même un memorandum de soumission à leur chef (2).

Combat de Châtenay (28 novembre).

Celui-ci répond en tombant à Châtenay sur Delaage. Repoussé dans le bois des Gâts, puis dans celui de Gralas ; il en débouche dès le lendemain pour attaquer encore, mais en vain, et finale-

(1) Contingent si affaibli par la désertion que ses 46 bataillons d'un effectif de 10.955 hommes étaient tombés à 4.000.

(2) Rédigé au château de Mme Monsorbier, p. 2/258.

SITUATION XXIII

Au commencement de décembre quand Hoche, appelé à Paris, passe le commandement provisoire à Willot, la situation est la suivante :

1re Division, Machecoul : Desroques.
2e — Cholet : Caffin.
3e — La Châtaigneraie : Willot.
4e — Les Sables : Dessein.
5e — Noirmoutier : Chapuis.
6e — La Rochelle : Vimeux.
7e — Poitiers : Beauregard.
8e — Tours : Chalbos.

La « division de désarmement », qui est à proprement parler le seul groupe actif, a son front couvert par :

1° Le poste de La Roche, fort de 800 hommes,

2° La colonne mobile de Travot, 1.200 hommes, — Le Poiré et Belleville,

3° La colonne mobile de Spithal, 171e demi-brigade, — Les Essarts.

Elle s'appuie, aux Sables et à Saint-Gilles à droite, au Lay à gauche, et les deux lignes sont constituées ainsi :

	1re ligne	2e ligne
Général Dessein	Pont-Chartrain.	Saint-Gilles.
	La Mothe-Achard.	Riez.
	Beaulieu.	Commequiers.
	Aizenay.	Apremont.
Adjudant-général Drut	Palluau.	Saint-Jean-de-Corcoué.
	Légé.	La Roche-Servière.
Général Gratien	Petit-Luc.	Vieillevigne.
	La Copechagnière.	Montaigu.

SITUATION XXIII (*suite*)

	1re ligne	2e ligne
Général WATRIN	La Rabatellière. Saint-Fulgent.	
Chef de brigade SPITHAL	Château-de-l'Oie.	
Adjudant-général DIGONET	Saint-Vincent-Sterlanges. Chantonnay.	
Général BEAUREGARD		Beaurepaire.
Général BURAC		Les Herbiers.

La colonne de désarmement doit :

a) Désarmer entre les deux lignes,
b) Vivre sur le pays,
c) Enlever les grains des émigrés,
d) Exiger en fusils la moitié du nombre des habitants mâles de la paroisse,
e) Bien moins courir après Charette que désarmer de proche en proche.

(Arch. Guerre, Armée Ouest, carton 5/9).

ment pour subir une déroute complète, le 2 décembre, à La Thibaudière, près du Poiré. Son chef de la cavalerie, La Robrie, y périt.

Combat de la Thibaudière (2 décembre).

Entrevue du May avec Stofflet.

Dix jours après ce dernier combat, Hoche avait, au May, près de Cholet, une entrevue avec Stofflet assisté de l'abbé Bernier. Il en reçut de nouvelles assurances de tranquillité, et s'occupa de resserrer encore ses lignes d'investissement jalonnées : la première par La Mothe-Achard, Aizenay, Légé, Palluau, La Copechagnière, Saint-Fulgent, la seconde par Saint-Gilles, La Roche-Servière, Vieillevigne, Montaigu (1).

Le 6 décembre, Charette, à la guette dans les bois de L'Herbergement, fond sur le camp des Quatre-Chemins et l'enlève. Watrin, averti, accourt de Saint-Fulgent, trouve les Maraîchins en plein désordre, occupés au butin ; il les rompt, les poursuit. Charette perd définitivement Belleville et doit installer son quartier-général à Montorgueil.

Combat de l'Oie (6 décembre).

Hoche, à ce moment, était absent. Il avait gagné Paris, appelé par le gouvernement qui désirait conférer de la situation avec lui.

(1) Voir situation XXIII.

CHAPITRE VI

ARMÉE DES COTES DE L'OCÉAN :

Quartier général : Fontenay.
Hoche, général en chef.
(28 décembre 1795)

Quand Hoche reparut sur le théâtre de la guerre, il était général en chef d'une organisation unique. Les trois unités jusqu'ici indépendantes opérant dans l'Ouest, descendues au rang de simples divisions, formaient l'armée des Côtes de l'Océan.

Dictature de Hoche.

Déjà en 1793, la Convention avait entrevu la nécessité de supprimer les tiraillements perpétuels qui se produisaient entre trois Etats-Majors théoriquement solidaires, mais peu disposés dans la pratique courante à se dépouiller au profit du voisin.

Comme la Chouannerie et la Vendée réagissaient constamment l'une sur l'autre, des échanges d'effectifs étaient à chaque instant nécessaires. Le pouvoir central intervenait bien pour les effectuer entre les trois théâtres d'opérations, mais il ne le faisait pas toujours au moment opportun et troublait parfois profondément les opérations en cours.

Ces inconvénients ne devaient plus se reproduire. Une direction centrale et forte allait donner à l'armée de l'Ouest une puissance irrésistible. Le droit de déclarer l'état de siège, et celui de négocier directement avec les chefs, agrandissaient encore les pouvoirs de Hoche, revêtu en réalité d'une véritable dictature.

Recrudescence de l'opposition des corps élus.

Très gênantes, amenées cependant par la nécessité de brider les municipalités en perpétuelle opposition d'arrêtés avec le commandement, les premières mises en état de siège soulevèrent d'universelles clameurs. Elles furent si vives, même dès le début, dans le propre quartier général de l'armée, que Hoche, alors absent, dut revenir pour en imposer le respect.

Autorités urbaines, autorités départementales, toutes s'emportent. Fontenay, Niort, Les Sables, Nantes mènent le train. Ses meilleures intentions sont mal interprétées. Aux jaloux de ses pouvoirs extraordinaires, se joint la grande masse ignorante, incapable d'égaler l'élévation de ses vues et qui se persuade très sincèrement qu'une contre-révolution se prépare. La Société nantaise des hommes de 89, composée d'anciens terroristes, pétitionne. Dillon l'ex-curé de Pouzauges, devenu président du département, s'institue l'accusateur du « triple et triste général (1) ». Goupilleau de Montaigu, revenu d'une mission dans le Midi, s'enflamme, envoie dénonciations sur dénonciations au Directoire contre celui dont les saisies de bétail « sont du ci-devant roi (2) ».

L'insoluble question des réfugiés patriotes augmente encore le tumulte. Chassés par Turreau, en février 1794, de toutes les villes avoisinant la Vendée militaire dans lesquelles ils parvenaient du moins à végéter péniblement, puis expulsés du littoral et des îles, ces malheureux, autorisés enfin à rentrer dans Fontenay et Les Sables, s'efforçaient de réintégrer leurs demeures et les trouvaient souvent aux mains de nouveaux occupants, mis en possession par l'armée royaliste et qui se prétendaient légitimés par l'amnistie générale. Leurs revendications amenaient lutte sur lutte ou d'inextricables démêlés. Un groupe de ces vagabonds sans le vouloir suivait chaque colonne de désarmement ; celui qui s'était attaché au général Watrin, en opération aux environs de Nantes, comprenait un lot de faux

(1) Les députés du Finistère se plaignent amèrement de l'état de siège imposé à Brest, y voient une « usurpation de la force militaire, une violation de l'acte constitutionnel, une dégradation des autorités nommées par le peuple » Arch. G. Carton 5/30.

(2) Les lettres de Goupilleau au Directoire sont de véritables in-folio et très nombreuses dans le carton 5/31 des Arch. G.

réfugiés, véritables malfaiteurs qui se livrèrent à de honteux excès et contre lesquels il fallut sévir. Hoche est donc accusé de « montrer de l'antipathie aux malheureux réfugiés (1) »...... « de préparer la restauration du trône et de l'autel »... .. « Il négocie avec les chefs et ne fait la guerre qu'aux propriétés et aux animaux », s'écrient les pétitionnaires. Injures et outrages publics causent parfois à Hoche un sursaut de dégoût et lui arrachent quelques paroles d'amertume, par exemple quand il se voit traité de « nouveau Cromwell, né dans le chenil du ci-devant roi. » (2)

Mais il se ressaisit vite. Bravant toutes les résistances aveugles ou intéressées, fermant l'oreille aux « vociférations de ses ennemis », il poursuit l'exécution de son œuvre, puisant dans son patriotisme les forces nécessaires pour rester fidèle à l'idéal qu'il s'était fixé : éteindre les haines, pacifier plutôt que conquérir, régler en bon Français le cruel conflit d'intérêts et de croyance qui ensanglante ce coin autrefois si favorisé de la mère-patrie. Incomparable grandeur de cette figure ! Qui l'étudie dans le détail de sa correspondance, se prend d'admiration pour elle, et se plaît à en faire comme la personnification juvénile et attachante du génie de notre race, fait, en dépit de ces contradictions déconcertantes dont aucun homme ni aucun temps ne sauraient être exemptés, de modération, de bon sens et de générosité.

Dans les rangs, plus d'un voyait de très mauvais œil ces nouvelles mœurs s'introduire. La lutte contre la maraude et le désordre suscitaient de grands mécontentements, surtout dans les services et parmi la tourbe de fournisseurs engagés dans un agiotage effréné sur les produits de la rapine.

Résistances sourdes dans les rangs.

Et puis les armées, même les plus soumises, ne pratiquent pas d'une façon absolue l'obéissance muette. Par une revanche toute humaine de la servitude physique et morale perpétuellement subie, chacun y commente la nouvelle direction donnée à la machine, beaucoup la discutent et la raillent. Les quolibets

(1) Arch. G. Carton 5/31. Lettre de Goupilleau.

(2) P. 1/374. Hoche souffrait beaucoup des dénonciations qui l'accablaient. Dans une lettre au général Clarke, le général Hédouville le représente comme un homme à « tête ardente » saisissant tout avec une vivacité qui lui fait considérer comme très importantes des dénonciations ridicules. Arch. G. 5/32.

SITUATION XXIV

Situation en mars 1796.

Armée des Côtes de l'Océan.

Lazare HOCHE, général en chef.
HEDOUVILLE, chef d'Etat-Major général.

Grande Division du Sud, Montaigu, général REY	35.479 hommes
— — de l'Ouest, Rennes, général LA BAROLIÈRE	42.994 —
— — de l'Est, Alençon, général DUMESNY	32.619 —
Total général	110.958 hommes

(Arch. Guerre, Côtes de l'Océan, carton XX).

SITUATION XXV

Détail de la Grande Division du Sud

1re Subdivision, Machecoul : général Desroques.
2e — Cholet : général Caffin.
3e — Fontenay : général Bonnaire.
4e — Les Sables : général Dessein.
5e — Noirmoutier : général Gillibert.
6e — La Rochelle : général Vimeux.
7e — Poitiers : général Vimeux.
8e — Tours : général Canuel.

Les garnisons sont au nombre de 76 :

Marais nantais : Vieillevigne, Remouillé, Légé, Saint-Jean-de-Corcoué, Saint-Philbert, L'Aiguillon, Saint-Maixent-sur-Vie, La Croix-de-Vie, Bretignolles, Riez, Le Rouet, Saint-Hilaire, Paimbœuf,, Arthon, Machecoul, La Garnache, Sainte-Pazanne, Bourgneuf-en-Retz, Le Port-Saint-Père, Bouaye, Château-d'Aux, Soullans, Saint-Gervais, Challans, Saint-Gilles.

Ligne de la Sèvre : Clisson, Vallet, Montfaucon, Tiffauges, Mortagne, La Pommeraye, Mallièvre, Saint-Laurent-sur-Sèvre, Cerizay, La Forêt, Moncoutant.

Mauges : Champtoceaux, Saint-Florent, Chalonnes, Montrevault, Beaupréau, La Jumellière, Saint-Lambert-du-Lattay.

Bocage, Plaine et Marais Niortais : Chemillé, Maulévrier (381 hommes), Cholet (10.694 hommes), Nuaillé (194 hommes), Coron (89 hommes), La Châtaigneraie, Les Herbiers, Pouzauges, Réaumur, Saint-Vincent-Sterlanges, L'Oie, Chantonnay, Sainte-Hermine, Le Simon, Moustiers-les-Mauxfaits (252 hommes), Luçon, Fontenay, Foussay-Coulonges, Niort, Saint-Maixent, Champdeniers, Parthenay, Bressuire, Thouars, Loudun.

des armées, pour employer le mot de Napoléon (1), dépassèrent toute mesure dans celles de Vendée aux liens tactiques si relâchés, où le subalterne avait lieu, depuis si longtemps, de se considérer comme beaucoup plus stable que le chef suprême.

Dans un outrageant pamphlet anonyme, un officier général alla jusqu'à flageller Hoche du nom de Sardanapale. L'indiscipline se manifesta surtout dans le contingent pyrénéen, sous l'influence du général Willot qui poussait les administrations à la résistance et avait même négocié avec Sapinaud, pendant son intérim (2), un accord particulier dit de Chantonnay, jugé par Hoche un véritable accroc à sa politique générale.

Accordement de Chantonnay.

On pillait encore çà et là, on enfreignait des ordres formels. Déjà le 4 novembre 1795, le général Raoul avait été destitué pour rapines, et le 7 novembre le général Latour pour mauvaise façon de servir. Hoche possédait, en plus de tant de qualités nécessaires, celle indispensable aux grands capitaines : la trempe solide de caractère qui permet de recourir, quand il le faut, aux sanctions disciplinaires les plus graves ; il s'en prend donc à des coupables très élevés. A la suite d'accusation de pillage, le général Beauregard et un chef de bataillon du 13e d'Orléans sont poursuivis ; une compagnie entière de la 76e est dissoute, et ses officiers, dirigés sur le château de Saumur y subissent une détention de six mois. D'autres destitutions suivent (3), le général auteur du libelle est découvert et mis en réforme. Le 4 mars 1796, un capitaine encore, et un autre lieutenant encourent la même pénalité. Les conseils de guerre réorganisés déploient plus de sévérité (4). Dès le 15 janvier, Willot avait dû se retirer, en dépit des protestations de la société de 89 et de la municipalité de Fontenay, d'accord toutes deux pour demander la destitution du général en chef; elles trouvèrent auprès des Directeurs une fin de non-recevoir absolue.

(1) « Les quolibets des armées qui causent tant de défaites pour avoir été écoutés », dit Napoléon dans une lettre au Prince Eugène écrite après la bataille de Saule.

(2) Pendant le séjour de Hoche à Paris.

(3) Risse, capitaine au 1er bataillon de la Garde, Borde, lieutenant du 4e bataillon de la Sarthe, Satry, capitaine, et Dieu, lieutenant du 2e de Valenciennes. Archives de la Guerre 5/32. Armée de l'Ouest.

(4) Le 8 avril 1795, un soldat du 3e bataillon du Maine-et-Loire est fusillé à Machecoul pour pillage ; le 26 juin, à Beauvoir, deux soldats de la 6e volent des fruits dans un jardin. Toute la compagnie est enfermée dans l'église et gardée par la 8e. *Un bataillon de volontaires*, par Petigny, p. 92.

Succès de la politique générale de Hoche.

Ces mesures portèrent rapidement leurs fruits. Le calme se rétablissait dans les campagnes, les secousses s'apaisaient. Les paysans rentraient en nombre dans les fermes (1), où ils étaient sûrs désormais de trouver la sécurité. Suivant les indications qui leur étaient données, un certain nombre de jeunes gens de la réquisition consentirent même, peu à peu, à l'incorporation dans les Compagnies franches destinées, dans la pensée de l'Etat-Major, à remplacer la gendarmerie et à contribuer au désarmement méthodique. En Loire-Inférieure, on parvint à mettre sur pied une de ces unités au complet.

Dans le rang, l'ordre, la méthode, la discipline reparaissaient, car le soldat français suit du meilleur cœur le chef, même sévère, chez lequel il reconnaît une volonté intelligente et ferme.

Charette, autour duquel le vide s'agrandit de plus en plus, perd un convoi fort précieux de pain que lui enlève Travot. Il commence à manquer de vivres et cherche à se glisser sur le territoire stofflétien, à travers les mailles du filet, de jour en jour plus étroites, que l'on tend autour de lui sur la Sèvre (2): Mais la vigilance s'est accrue. La garnison de Montaigu avertie de son approche, le culbute à La Bruffière, le 2 janvier. Travot lui inflige une deuxième défaite à La Créancière, le 15, et une troisième à La Bignonnière le 16. De petites colonnes battent continuellement l'estrade en tous sens autour de lui, le traquent de jour et de nuit. Périodiquement relevées, elles l'épuisent par une chasse continuelle, à laquelle sa fertilité de ressources et sa ruse extraordinaires lui permettent seules d'échapper ; réussissant enfin à faire perdre momentanément sa trace, il se faufile jusqu'aux environs de Saint-Gilles pour y faire quelques recrues.

Combat de la Bruffière (2 janvier) de la Créancière (15 janvier) et de la Bignonnière 16 janvier).

Rentrée en lice de Stofflet. — Sa mort.

A ce moment, Stofflet rentre en lice, 26 janvier 1796. Devenu

(1) Un relevé du 26 février 1796 (Arch. G. Carton 5/31), établit que dans 17 communes groupées autour de Vieillevigne et La Bruffière, en pays de lisière, il y avait 722 charrettes attelées de 1.684 bœufs avec 614 bœufs en excédent des attelages normaux.

(2) Voir situation XXV.

une manière de souverain très obéi, l'ancien garde se fût volontiers assoupi, peut-être, dans sa résidence de La Morosière, mais de nombreuses insistances venaient l'y assaillir. Cédant enfin non point à une inspiration spontanée dictée par le désir de venir en aide à la détresse de son émule, mais bien aux représentations du chevalier Colbert de Maulévrier, père de son ancien maître, comme à celle du marquis de la Ferronnière chargé de lui remettre le titre de lieutenant général et le cordon rouge, il se décide à sortir de la situation ambiguë qu'il conserve depuis sa soumission. Mais il ne se fait aucune illusion sur les conséquences de son geste. « Nous marchons à l'échafaud, confie-t-il à son entourage (1) ». Un pareil dévouement à sa cause, rapproché de la résistance entêtée de Charette qui ne voulut jamais passer à l'étranger, assurent, quoi qu'il en soit, infiniment de noblesse à la chute des derniers chefs vendéens !

Preuve éclatante de la justesse de vue du général en chef, que des patriotes ombrageux continuent d'accuser de royalisme, peu d'hommes se lèvent : 400 à peine répondent au rendez-vous fixé, les landes des Cabournes, près de Jallais. Le général Sapinaud s'emploie en vain de son côté à reconstituer l'armée du Centre, et cède le commandement au marquis de Grignon et à Vasselot, qui fixent leur quartier général à Mont-sous-Mercure.

Le général Caffin, qui commandait à Cholet et prévoyait le soulèvement, avait retranché tous les postes, et, laissant une forte garnison à Maulévrier et à Cholet, ramène le gros de son monde à Chemillé. Hoche l'y rejoint le 28 janvier avec le 107e, le 171e et un bataillon de 62, repousse facilement une tentative brusque de Stofflet sur cette ville, et gagne Cholet le 30 janvier.

Un coup de main heureux des royalistes sur Argenton-Château n'a pas de suite (2), et Stofflet, réduit à errer entre Maulévrier et Bressuire, doit finalement s'enfoncer avec 5 compagnons seulement sur les fourrés de Vezins. Il en sort dans le but de s'aboucher avec l'abbé Bernier au bout de deux semaines, pour tomber dans les mains des républicains, probablement avertis de sa présence, à la ferme de la Saugrenière, près de Jallais (24 février 1796).

(1) *Stofflet et la Vendée*, par E. Stofflet, p. 398.
(2) D 2 V/552. Ce coup de main eut lieu à Bressuire d'après certains.

A Angers, le 25 février 1796, trois années après sa première prise d'armes, il subissait la mort en brave aux cris de : « Vive le Roi ! »

Le chevalier d'Autichamp choisissant pour lieutenant le chef de la cavalerie stofflétienne, Henri Forestier, surnommé pour sa bravoure et sa beauté l'Achille vendéen, essaya de prendre la tête des Angevins ; il ne tarda pas à se soumettre. Forestier se proclamant général à son tour fut bientôt forcé de passer en Espagne. Peu après, Vasselot était tué, et Grignon complètement défait. L'armée d'Anjou avait vécu.

Négociations avec Charette. — Sa chute.

Désormais sans inquiétude, Hoche partit pour la Normandie, laissant la vicomtesse Turpin de Crissé et le curé de la Rabatellière engager les négociations ayant pour but le passage à l'étranger de Charette.

Ces pourparlers n'aboutirent pas devant l'obstination de Charette qui, rompant de son propre gré, reprit bientôt sa vie errante dans le cercle étroit que jalonnaient les bois des Gâts, de Grandlande, de Gralas.

Dans cet enclos de huit lieues peut-être sur quatre, Travot et le général Bonnaire mènent la chasse à l'homme — car ce n'est plus une guerre — infatigable, véhémente, méthodique, où le rabat se fait dans le plus grand ordre. Sur un front étendu chacun agit, bien couvert en avant, en arrière et sur les flancs, dans un secteur déterminé, en parfaite liaison avec les voisins, fouillant et refouillant fermes, taillis, hameaux et landes.

Devenue méfiante, sanguinaire même vis-à-vis de ses compagnons, la proie, que l'on compare à un guépard acculé dans un cirque, échappe sans cesse, grâce à son énergie et à une audace peu commune. Par instants elle fait tête, crocs au clair. A la battue prennent part des aides de toute sorte, des rabatteurs, mendiants, bergers, femmes, enfants, payés par les républicains, ou dévoués au contraire jusqu'à la mort au chef admiré sinon aimé, dont ils assurent le repos de plus en plus chèrement payé, et pris, dans quelles conditions misérables, une heure dans cette ferme, une autre dans le creux de ce sillon !

Combat de la Bégaudière (21 février).

Le 21 février, au combat des Brouzils ou de la Bégaudière, Travot lui tue son frère aîné, Louis-Marin, son commandant de la cavalerie Le Moëlle, son cousin Charette de la Colinière et lui prend ses papiers, son guidon, sa forge. Sur un cheval déferré, sans avoine, sans foin, il réussit encore à créer un défaut d'une semaine. Le 28, à La Chauvière, Travot lui tue ses derniers fidèles — 50 — dans un corps à corps étroit, et lui enlève ses derniers chevaux.

Combat de la Chauvière (28 février).

Le drame se ramasse. La chasse à vue commence. Le train devient épuisant et le contact journalier, la poursuite véritablement haletante à travers les haies. Le 22 mars, quatre colonnes bien orientées sortent de Luc, de Saint-Philbert-en-Bouaine, de Montaigu, du Poiré. Rejeté de l'un à l'autre, audacieusement coiffé du panache blanc qui le signale aux convoitises de tous, le général vendéen disparaît un moment, puis est enfin atteint par Travot à La Chabotterie, le 23 mars. Blessé à l'épaule et à la tête il s'abat « vivant entre deux morts (1) ». Une semaine après, il était fusillé sur cette même place Viarmes de Nantes qui avait vu la chute de Cathelineau. Avec lui se terminait la tragédie atroce et si longue dont la terre de Vendée était le théâtre depuis le 12 mars 1793. Elle avait duré trois ans et treize jours (2).

Mort de Charette (29 mars 1796).

(1) Rapport du général Grigny.

(2) *Note de l'Editeur:* Une lettre inédite de Hoche, parue dans l'*Intermédiaire des Chercheurs et Curieux* du 10 juin 1921, donne le total des pertes « que cette tragédie avait coûtées. Le 10 avril 1796 (21 germinal an IV) Hoche « écrivait de son quartier général de Vannes au citoyen Vial, ancien membre « du Comité Révolutionnaire d'Angers, ancien maire de Chalonnes-sur-Loire, « ancien procureur général syndic du département de Maine-et-Loire : « .... J'ai dit que six cent mille *Français* étaient morts pendant le « cours de la guerre civile et qu'il fallait en finir............ »

TROISIÈME VENDÉE

(Juin 1799. — Janvier 1800)

TROISIÈME VENDÉE

(Juin 1799. — Janvier 1800)

CHAPITRE I

ARMÉE D'ANGLETERRE :

Quartier général : Rennes.

Michaud, général en chef.

(juin-22 octobre 1799)

On donne le nom de troisième Vendée à la Convulsion de 1799 dont l'intensité, bien inférieure à celle des deux précédentes, n'ébranla pas les couches profondes de la population, tout en donnant lieu à une suite d'opérations militaires d'une importance relative.

Les causes en furent politiques. Au témoignage d'un historien royaliste (1), il fallait « préserver de la conscription la jeunesse de l'Ouest, présenter aux Français un appui contre la tyrannie du gouvernement directorial, et ramener l'Europe à l'idée qu'il existait encore des royalistes. » Cadoudal qui, seul, avait maintenu son organisation militaire après la chute de la Vendée, nourrissait encore l'espoir que le comte d'Artois se déciderait à paraître dans l'Ouest. Malgré l'échec d'une négociation, faite en ce sens auprès du prince, au cours de 1797, Puisaye tentait, de concert avec lui, de réorganiser l'insurrection. Les circonstances parurent favorables dans les premiers mois de 1799.

(1) Le comte d'Andigné, *Mémoires*, p. 382.

Situation militaire.

A l'armée des Côtes de l'Océan, supprimée dès 1796, lors de la pacification générale qui avait suivi la mort de Charette, avait succédé celle d'Angleterre, créée pour la réalisation du débarquement en Grande-Bretagne caressé par Hoche. Le général Dembarrère venait de passer le commandement au général Michaud. Elle comptait quatre divisions, dont la 14ᵉ, qui correspondait à l'ancienne Vendée militaire, avait Travot à sa tête.

Ainsi qu'en 1793, ce territoire toujours frémissant était vide de troupes. Le Directoire, dont les royalistes prétendaient exploiter les graves difficultés intérieures, en affrontait d'extérieures plus cruelles encore. La seconde coalition armait de nouveau contre nous l'Europe entière, moins la Prusse et l'Espagne. Forcée de couvrir ses filiales de Hollande, de Suisse et d'Italie, la République, dont les troupes les plus solides et le plus habile capitaine guerroyaient en Egypte, avait dû porter aux frontières tous les effectifs disponibles.

La Vendée n'était donc occupée, en 1799, que par un bataillon de la 70ᵉ, 1.500 hommes environ de la 19ᵉ et le 30ᵉ dragons. Challans, Les Sables, La Roche-sur-Yon, Montaigu, Les Herbiers, La Châtaigneraie, Cholet possédaient une compagnie de vétérans de la Garde Nationale. En faisant renaître les formations franches territoriales de Hoche, on pouvait espérer grouper quelques légions de huit compagnies chacune, dont une de carabiniers, une de sapeurs et une de fusiliers (1).

Les moyens étaient donc très limités pour le maintien de l'ordre, mais la présence d'un chef tel que Travot constituait un élément de force incomparable. On pouvait dire de lui qu'il était l'homme de la situation. Un instant employé en Bretagne après la pacification de 1796, Travot, revenu aux Sables, avait montré par sa façon d'administrer, quelle influence profonde avait eue Hoche sur l'orientation de son esprit. Les royalistes lui savaient gré de l'humanité qu'il avait déployée envers Charette capturé, et, quoique très ardent républicain, il avait su gagner l'estime générale.

D'une activité sans égale, se faisant une très haute idée du devoir professionnel, prodigue de sa peine et de ses pas jusqu'à parcourir, dès les premiers symptômes d'agitation, les

(1) Ces formations ne fournirent que quatre compagnies environ. P 3/313.

SITUATION XXVI

Armée d'Angleterre :

Créée par Bonaparte le 26 octobre 1797.

12e Division. — La Rochelle : général Desbureaux ; généraux de brigade Grigny et Travot.

13e — Pontivy : général Schilt ; généraux de brigade Gency, Roulaud, Harty et Houdétot.

14e — Caen : général Rey ; généraux de brigade Avril, Gratien Digonnet.

22e — Tours : général Vimeux ; général de brigade Delaage.

(*Situation du 6 au 22 septembre 1799*)
(Archives de la Guerre.)

SITUATION XXVII

Détail de la 12e Division au 6 septembre 1799.

4e d'infanterie de ligne, Nantes	464	présents
19e — — Nantes, La Rochelle et Montaigu	1.784	—
28e — — Ile de Ré	323	—
70e — — Niort, Noirmoutier et Saint-Gilles	1.866	hommes

5 Compagnies de déserteurs étrangers, l'île d'Aix	466	présents
5e Dragons, Nantes	466	—
Vétérans nationaux	334	—
Diverses colonnes mobiles	280	—

(Arch. Guerre, Armée de la Loire, carton XXIII).

campagnes vêtu en paysan, il était parfaitement éclairé sur les dispositions de l'esprit public. Comme aide dans le Haut-Poitou à Bressuire, il pouvait compter sur le général Delaage, l'ancien adjudant général de Beaupuy et de Kléber, le vainqueur de Saint-Cyr-en-Talmondais. Enfin à Tours, commandait le général Vimeux, l'ancien commandant en chef de l'armée des Côtes.

Travot, en ce qui le concernait, s'arrêta au plan suivant : empêcher le soulèvement de prendre corps en sillonnant le pays de colonnes mobiles, destinées à montrer partout la troupe, à frapper les esprits par un rayonnement incessant, à empêcher les petits rassemblements de s'agglomérer. La Roche, Cholet, Les Sables, Niort, La Châtaigneraie, ces principaux centres stratégiques, occupés par la troupe ou les vétérans, projetèrent une série de reconnaissances, dont les itinéraires furent établis avec circonspection et soin. Des cantonnements bien choisis, environnés de palissades, aux églises crénelées, devaient servir de points d'appui secondaires. Dans cette mise en place active d'un très faible personnel et de très maigres moyens, Travot montra toute sa connaissance des choses vendéennes.

Organisation royaliste.

Du côté royaliste les personnages les plus importants et les plus influents étaient le comte d'Autichamp, le combattant de la Grande guerre et de l'Outre-Loire, le successeur — d'un jour — de Stofflet ; le marquis de Grignon, l'un des derniers combattants de l'armée du Centre ; Henri Forestier, le cavalier stofflétien ; Renou Bras-de-Fer, l'ancien divisionnaire de Stofflet à Châtillon ; le serrurier Caillaud, l'un des premiers soulevés de 1793.

Un grand nombre de combattants de la première prise d'armes vivaient encore. Mais la religion, cette fois, n'est plus en question, ni le prêtre inquiété. Ceux qui vont marcher obéiront à l'entraînement ou à une conviction politique, mais ne seront pas soulevés par le souffle qui animait les rebelles de 93. « Les promoteurs du soulèvement, dit M. de Béjarry, l'ancien chef de l'Armée du Centre, qui cette fois ne bougea point, vont encore trouver çà et là du dévouement chez le paysan, mais ils recruteront surtout des bataillons ; au lieu de paroisses avec leurs capitaines, on aura des compagnies avec des cadres, ce sera la vie militaire, ou plutôt son apparence, avec ses inconvénients sans ses avantages. Ce ne sera plus l'action enthousiaste des armées de Cathelineau et de Lescure. »

Premières hostilités.

Dès juin, l'agitation se manifesta assez intense. Les chefs qui s'étaient tenus cachés depuis 1797 reparaissaient ou revenaient d'Angleterre. Une colonne mobile sortant de Niort, le 6, fut assaillie. Quelques jours après, un parti, commandé par un nouveau venu, le chevalier de Saint-Hubert, surprenait la brigade de gendarmerie de Montfaucon, la dépouillait, puis rejoignait Renou et Forestier. Les trois bandes réunies attaquaient alors le poste de La Bruffière, y tuaient quelques hommes, et s'emparaient d'un certain nombre d'armes.

Affaire de La Bruffière. (31 juillet)

Travot avait transporté son quartier général à Montaigu, pour mieux surveiller le Marais nantais et le séparer du Bocage. Marchant aussitôt contre le chevalier de Saint-Hubert, il le joint de nuit à La Gaubretière et le culbute. Forestier, qui s'intitule général de l'Armée d'Anjou et du Haut-Poitou, se porte avec 200 hommes sur le poste républicain de Cirière. Très gravement blessé à la poitrine, il est mis pour longtemps hors de combat, et sa disparition amène l'avortement d'un mouvement assez important.

Affaire de La Gaubretière

Combat de Cirière (30 août).

Réunion de la Jonchère *(15 septembre 1799).*

Dans le but de substituer une action d'ensemble aux affaires partielles dont la Vendée et la Bretagne devenaient le théâtre, les chefs royalistes des deux rives de la Loire se réunirent au château de La Jonchère, près de Pouancé, au nombre de 200 généraux et officiers subalternes (1), Le comte d'Andigné représentait le Maine, le comte de Bourmont, le Perche et le pays chartrain. Mercier, dit la Vendée, chef d'état-major de Cadoudal, y remplaçait son chef, et prenait contact avec le comte de Châtillon nommé, par le comte d'Artois, commandant de la rive droite de la Loire.

On y décida, d'une voix unanime, une levée d'armes et une

(1) And 361.

action générale et simultanée qui « pût ramener les gens à l'idée de l'existence du parti (1) ». Plusieurs villes importantes devaient être assaillies le même jour.

Attaque simultanée des grandes villes.

Le 14 octobre, la ville du Mans s'éveille envahie par les Chouans du Maine, commandés par le comte de Bourmont, lequel y tint pendant quatre jours et prit 1.200 fusils et 6 canons. Le pays nantais commençait à s'agiter et l'impolitique loi des otages fournissait des chefs au soulèvement (2) ; la garnison de Nantes sortit pour expéditionner aux alentours. Immédiatement 2.000 royalistes se présentèrent aux portes de la ville dans la nuit du 20 octobre. Ils s'emparent de celle de Rennes et de Vannes, tiennent, au confluent de la Loire et de l'Erdre, pendant plusieurs heures sous le commandement du comte de Châtillon (20 octobre). Quelques jours plus tard, on apprenait l'entrée de Mercier-la-Vendée dans Saint-Brieuc (25 octobre). Cette série d'expéditions audacieuses n'augmenta pas d'une façon sensible les forces des royalistes, mais impressionna fort les populations. Il fallait augmenter les garnisons au détriment des colonnes mobiles.

Arrivée des garnisons d'Italie.

A ce moment entraient en Vendée d'importants renforts venus d'Italie. La prise de Mantoue par Souvaroff rendait disponibles 14.000 hommes assujettis à ne plus servir à l'extérieur. 1.500 fantassins arrivèrent à Tours le 5 octobre ; 600 devaient suivre dans les quinze jours (3). Le général Michaud organisa d'énergiques battues et grossit les garnisons, surtout celles des postes de la Loire qui séparaient la chouannerie du Maine de celle de la Vendée. Puis il fit afficher partout des placards annonçant les victoires décisives remportées sur la coalition, tant par Masséna en Suisse, que par Brune dans les Pays-Bas ou par Bonaparte en Orient.

(1) And P. 383.
(2) P. 3/374.
(3) Arc. G. Cart. 5/57.

La révolution intérieure qui mettait le pouvoir entre les mains du Premier Consul, allait enlever d'ailleurs aux royalistes un de leurs sujets les plus solides d'espérance. Ils ne pouvaient plus escompter la faiblesse du gouvernement. La direction des affaires reçut sans tarder une orientation toute nouvelle.

CHAPITRE II

ARMÉE D'ANGLETERRE :

Quartier général : ANGERS.
DE HÉDOUVILLE, général en chef
(22 octobre 1799-20 janvier 1800).

Le 22 octobre, le général de Hédouville, pourvu du commandement en chef, établissait son quartier général à Angers et mettait immédiatement en état de siège le département du Maine-et-Loire. Ayant déjà servi dans l'Ouest avec Hoche, dont il était l'ami, ancien chef d'état-major d'Aubert du Bayet aux Côtes de Cherbourg, puis plus tard de l'armée d'Angleterre, diplomate délié, il se plaisait surtout aux négociations (1).

Dès le 22, deux colonnes mobiles parcoururent l'intérieur, puis des mesures générales furent prises. Le comte de Suzannet, investi par le comte d'Artois du commandement de l'armée de Rets faisait sonner le tocsin dans le pays de Charette, et le comte d'Autichamp, breveté général en chef de l'armée catholique et royale, s'était fixé à Beaupréau. Contre le premier, en position aux Lucs et sur la route de Challans à Légé, c'est-à-dire dans l'ancien domaine de Charette, Machecoul fut solidement organisé afin de le séparer du Marais.

Contre le second, Delaage fut lancé de Cholet avec ordre de disloquer tous les rassemblements des Mauges.

Opérations décisives.

Combats de La Poëze et de La Bruffière (29 octobre).

Un millier de Vendéens bivouaquaient dans les bois de La Poëze aux environs du Pin-en-Mauges. Le 29 octobre, Delaage leur infligeait une défaite et une perte de 140 hommes.

(1) P. 2/57.

Ce même jour, Suzannet était laissé pour mort devant La Bruffière dans une tentative avortée sur ce poste avancé de Montaigu tenu par le 11e bataillon de Paris.

D'Autichamp, rompu à La Poëze, donne alors rendez-vous à ses Angevins dans le Sud où le marquis de Grignon s'efforçait de faire revivre l'ancienne armée du Centre. Le poste des Aubiers est attaqué, le 3 novembre, par 6 ou 8.000 Vendéens.

Combat des Aubiers (5 novembre).

Mais les 200 fantassins de la 70e qui en constituent la garnison se défendent avec opiniâtreté dans le clocher, et le général Dupesse a le temps de dépêcher 800 hommes à leur secours. Ceux-ci bousculent la division Renou détachée par d'Autichamp à Nueil, pour leur disputer le passage de l'Argenton, puis attaquent Les Aubiers de front et de flanc. Les royalistes sont mis en pleine déroute.

Combat de la Vie (15 novembre).

Affaires de La Flocellière (13 novembre) du Puy-du-Fou et de La Grand-Lande (14 novembre).

Combat de Chauchetaud (17 novembre).

Pendant ce temps, Travot entrait dans le Bocage à une allure rapide ; il culbute Grellier du Fougeroux à la Grand'Lande le 14 novembre, puis se retourne contre Lecouvreur, ancien chef de la division de Légé qui avait soulevé 300 fantassins environ, 50 cavaliers et se montrait çà et là dans le parcours de Charette. Il l'atteint, le disperse aux bords de la Vie entre le Poiré et Palluau, et, sans perdre une heure, rebrousse contre le marquis de Grignon.

Celui-ci à la tête de 900 hommes, débris de l'armée du Centre, avait emporté le poste de La Flocellière, et mis en déroute un détachement de gendarmes au Puy-du-Fou le 14 novembre. Travot, en combinant son action propre avec celle des postes des Herbiers et des Essarts, réussit à battre complètement le successeur de Sapinaud et à le tuer même. Déjà depuis trois jours, un armistice avait été signé par le chef suprême d'Autichamp.

Négociations avec les chefs vendéens.

Conférence de Pouancé (9 décembre).

Son succès des Aubiers avait servi au général de Hédouville d'entrée en matière pour entamer des négociations avec les chefs des deux rives. Ayant contribué à la pacification de Hoche, sans penchant pour la violence, il était d'ailleurs entré en relations dès son arrivée (1) avec la vicomtesse Turpin de Crissé. La conférence de Pouancé, du 9 au 17 décembre, n'aboutit qu'à une régularisation de l'armistice, mais montra que si les Bre-

(1) Archives de la Guerre, Carton 5/57.

tons avec Cadoudal tenaient pour la continuation des hostilités, les Vendéens, au contraire, penchaient vers la paix.

Revêtu du Consulat, Bonaparte entra lui-même en rapports directs avec ces derniers. Il manda le comte d'Andigné à Paris et prescrivit à Hédouville d'accepter la médiation de l'abbé Bernier, sorti de sa retraite des Mauges et désireux de jouer de nouveau un rôle. Par l'intermédiaire de l'ancien conseiller de Stofflet, on assura aux Vendéens l'entière liberté du culte, que le Concordat allait consacrer universellement un peu plus tard. Cette concession les décida. Ils séparèrent leur sort de celui des Chouans qui espéraient encore en une apparition du comte d'Artois, de nouveau promise. Réunis à Montfaucon-sur-Moine, ils discutèrent les clauses de leur soumission à la République (3 janvier 1800).

Dernières opérations dans le Bocage.

Pendant que se poursuivaient les négociations, Suzannet remis de sa blessure, campait avec 3.000 hommes à Belleville, et Caillaud restait en armes à Thorigny ; de plus, sur la côte un chef nouvellement apparu, Nicollon des Abbayes, groupait autour de lui 600 Maraîchins. Travot marche contre lui, le bat à Sallertaine le 11 janvier, le défait une deuxième fois et le blesse.

Combat de Sallertaine (11 janvier).

Des troupes très nombreuses qui avaient pris part à la campagne de Hollande se dirigeaient d'ailleurs vers l'Ouest. Le Premier Consul s'irritait de la lenteur de Hédouville, il lui imposait la suite des hostilités, ou la soumission dans les huit jours. Le 14 janvier, il le remplaçait même par Brune, sous les ordres duquel il le plaçait en qualité de chef d'Etat-Major général.

Paix de Montfaucon *(18 janvier 1800).*

Comprenant l'inutilité de la résistance, le comte d'Autichamp signa la paix, le 18, pour la rive gauche. Les provinces de l'Ouest obtenaient la remise de certains impôts et, pour plusieurs années, l'exonération (1) de la conscription.

(1) Elle devait durer jusqu'en 1803.

QUATRIÈME VENDÉE

(Mars-Juin 1815)

QUATRIÈME VENDÉE

(Mars - Juin 1815)

CHAPITRE I

Quartier général : ANGERS.

Duc DE BOURBON, général en chef.

Œuvre du gouvernement royal menacé par le débarquement du golfe Jouan, n'ayant ni mobilisé plus de 10 à 12.000 hommes ni remué plus profondément les esprits que ne l'avait fait la guerre précédente, conduite d'abord avec beaucoup de faiblesse puis ensuite avec beaucoup d'incohérence, la quatrième Vendée atteignit cependant le résultat qu'avait recherché son organisateur, le roi Louis XVIII. L'immobilisation, dans l'Ouest, d'un contingent assez important — 25.000 hommes — affaiblit d'autant l'Empereur, auquel un pareil appoint eût peut-être permis de triompher dans les plaines de Waterloo.

Avortement de la tentative du duc de Bourbon.

En l'absence du comte d'Artois, chargé de diriger à Lyon les forces militaires de concert avec Macdonald, le vieux duc de Bourbon, qui avait lui aussi paru un instant, en 1795, à l'île d'Yeu, fut chargé par le roi d'organiser la résistance dans l'Ouest. Il rejoignit Angers le 14 mars, une semaine après l'entrée triomphale de l'Empereur à Grenoble ; les 12e (Nantes), 13e (Rennes), 14e (Le Mans), 22e (Tours), divisions militaires étaient rangées sous ses ordres.

Un premier conseil fut réuni, dans lequel Travot, chef de la 12e division, siégea près de son ancien adversaire de 1799, le comte d'Autichamp, devenu lieutenant-général et pourvu du commandement des départements de la Mayenne et du Maine-et-Loire. On arrêta quelques mesures d'organisation.

A côté des troupes régulières, le pouvoir central avait ordonné la formation de 12 bataillons nationaux, amalgamant par moitié les anciens combattants vendéens avec des éléments nouveaux. Les réfractaires étaient nombreux depuis 1813. Réfugiés dans les bois, ils échangeaient de temps en temps des coups de fusil avec les gendarmes et obéissaient dans le Bocage à un garde-chasse des Colbert : Delaunay, et dans le Poitou à Joseph Diot, ancien hussard de Wagram. On résolut de les réunir en corps de volontaires royaux, en les renforçant de tous ceux qu'allait émouvoir un énergique appel placardé dans toutes les communes.

On pouvait compter sur le concours de Sapinaud de la Rairie, immobile en 1799, parce que le marquis de Grignon avait pris sa place à la tête de l'armée du Centre, mais à cette heure investi de la charge officielle importante d'inspecteur général des Gardes Nationales de Vendée, sur Constant de Suzannet, commandant de l'armée de Retz en 1799, sur Auguste de La Rochejaquelein, deuxième frère d'Henri et officier de carabiniers pendant l'Empire. D'anciens combattants de 1793 comme Cady, l'un des premiers compagnons de Cathelineau, ou de 1799, Saint-Hubert, Dupérat, Ludovic de Charette, neveu du général, Nicollon des Abbayes se déclaraient prêts à marcher ainsi que le général Canuel, un des acteurs de la Grande Guerre dans les rangs de la République.

L'entrée triomphale de Napoléon à Paris dans la nuit du 19 mars rendit caduques les dispositions prises. Une revue de la garnison montra clairement au duc de Bourbon les dispositions des troupes. Il partit pour Beaupréau le 23, dans l'intention, puisque l'armée régulière lui échappait, de s'appuyer sur le parti royaliste. Là, un certain nombre de chefs lui annoncèrent qu'il ne fallait compter, ni sur le soulèvement de la Loire-Inférieure, ni sur celui du département de la Vendée. Les volontaires royaux n'avaient guère reçu que des ouvriers sans travail,

SITUATION XXVIII

Général Delaborde.

Le 1er juin 1815, la Vendée militaire est occupée par 30.000 soldats dont la moitié va partir pour la frontière ; dès le 15 juin l'effectif est réduit à 23.000, dont un tiers en route pour d'autres armées.

Sur la rive droite, la division *Sigarri* occupe Rennes et la Bretagne.

	1er juin 1815	*15 juin*
Fantassins	21.500	14.000
Chevaux	1.820	1.220
Gendarmes à pied	3.500	4.500
Gendarmes à cheval	1.000	1.500
Artilleurs, sapeurs	2.000	2.600
	29.820	23.820
Canons	46	70

(1) R-F. T. 243.

ou des militaires sortant de la ligne. Fatigué, découragé, le vieux duc ordonna le licenciement des formations ébauchées, et, dans la nuit du 26 mars, partit de Paimbœuf pour l'Angleterre, laissant face à face, mais dans deux camps opposés cette fois, le général Travot et d'Autichamp.

Réunion de la Chapelle Basse-Mer *(11 mai 1815).*

Ceux des chefs vendéens qui s'entêtèrent à défendre la maison royale entêtée à les laisser livrés à eux-mêmes, regagnèrent leurs terres où ils s'employèrent à visiter leurs partisans, et à poursuivre une campagne d'agitation très active. Ils relièrent leur action à celle du comte d'Andigné sur la rive gauche, et à celle de Cadoudal en Bretagne. Le 11 mai, dans une réunion tenue à La Chapelle-Basse-Mer, (du Loroux) d'Autichamp, Suzannet et La Rochejaquelein arrêtèrent les bases de l'organisation générale calquée sur les précédentes et formèrent 4 corps :

1er corps, Anjou : général D'AUTICHAMP.
2e corps, Centre : général SAPINAUD.
3e corps, Marais et Bas-Poitou : général SUZANNET.
4e corps, Haut-Poitou : AUGUSTE DE LA ROCHEJAQUELEIN.

La question du commandement suprême était encore une fois réservée. Le marquis de La Rochejaquelein (1), envoyé par Louis XVIII à Londres, pour y réunir le matériel de guerre dont on manquait absolument, avait annoncé sa venue prochaine.

(1) Frère aîné d'Henri, deuxième mari de Mme de Lescure.

CHAPITRE II

ARMÉE DE L'OUEST :

DELABORDE, général.

Exposé de la situation générale.

Dès le 26 mai, le général Delaborde, ancien chef de l'armée de l'Ouest en 1802, venait prendre, au nom de l'Empereur, le commandement des 12e (La Rochelle), 13e (Nantes), et 22e (Tours), divisions militaires. Fatigué, sans vigueur physique, il se borna à recruter des effectifs de circonstance destinés à remplacer les forces régulières absentes ou prêtes à partir. Le 3e dragons et 6 compagnies d'artillerie pliaient bagage. Sur la rive gauche de la Loire ne devaient rester, outre quelques dépôts, qu'un bataillon du 65e et les 15e et 26e de ligne comptant chacun deux bataillons. Les forestiers, les douaniers, les gendarmes, retirés successivement du Centre vers la périphérie réunissaient quelques ressources, mais les douaniers montraient une répugnance marquée à mener la guerre civile contre leurs voisins ; ils démissionnaient, désertaient même. Etait-il prudent d'ailleurs d'en démunir complètement les Côtes où ils gardaient le sel et surveillaient les tentatives de débarquement ? Les forestiers marquaient les mêmes tendances que les douaniers. Quant aux gardes nationales, bien organisées sur le papier, elles prétendaient servir surtout à la protection immédiate de leurs foyers. A peine l'exode des libéraux vers les villes put-il permettre de former quelques compagnies de fédérés.

Le général Travot s'organise à La Roche.

L'entrée de jeu eût été tout à fait insuffisante si le général Travot, nommé commandant des colonnes mobiles, n'avait su tirer un très bon parti des matériaux hétérogènes mis à sa disposition, et donner un libre essor à son activité. Familier « avec le buisson vendéen », il fixa son quartier-général à La Roche-sur-Yon, centre de première importance depuis que le coup de baguette impérial du 25 mai 1804 avait promu au rang de cité la bourgade d'antan. Six belles routes en rayonnaient, dont deux, percées dans les directions de Montaigu et de Niort, traversaient l'ancien pays de parcours de Charette et permettaient de maîtriser les passages de la Vie et du Lay, en même temps qu'elles assuraient la communication entre les deux centres vitaux de La Rochelle et de Nantes. Travot s'appliqua de suite à l'abriter d'un coup de main, et à réorganiser les chasseurs de la Vendée, ses auxiliaires de 1796 dans la chasse ardente qu'il avait menée contre Charette. Avec la garnison : un dépôt du 26ᵉ, 250 gardes nationaux et 2.000 gendarmes venus du Dépôt de Versailles, il organisa ses colonnes mobiles.

Pendant ce temps, les officiers du génie et les ingénieurs civils barricadaient les villes, les munissaient de fortifications provisoires, réparaient les châteaux de Saumur et de Nantes, lançaient sur la Loire une escadrille qui promenait de poste en poste, au fil de l'eau, ses espingoles et ses canons.

Commencement des hostilités.

Le tocsin résonna dans tout le pays vendéen le 15 mai. Cady réunit 15 paroisses dans les landes de Saint-Lezin, et bientôt on signala 4 à 5.000 Angevins à Jallais (comte d'Autichamp), 2.000 Bocains à La Gaubretière (Sapinaud), 2.000 Poitevins, dont 300 vétérans des anciennes guerres et Cathelineau fils aux Aubiers, (Auguste de La Rochejaquelein), 4.000 Maraichins dans le Bas-Poitou (Suzannet), soit 12.000 hommes en tout, à demi armés et sans munitions.

Le convoi d'Angleterre, en vue depuis le 4, en apportait. Sapinaud avait gagné le carrefour des Quatre-Chemins, Suzannet s'apprêtait à enlever l'un après l'autre les postes de la côte. On pouvait leur opposer à peine 500 hommes des 43ᵉ et 61ᵉ, 200 cavaliers et autant de chasseurs vendéens. Qu'un peu d'harmonie présidât aux mouvement des contingents royalistes, et la position de Travot pouvait devenir fort difficile. Auguste de La Rochejaquelein marchait vers lui, disait-on. Travot appelle aussitôt à La Roche les 15ᵉ et 26ᵉ de ligne en résidence à Cholet.

Mais cette campagne de 1815 devait être comme le triomphe de l'individualisme. Suzannet perdit son temps aux environs de Nantes dans de petites affaires de détail sans rapport avec la situation générale. Sapinaud cessant de menacer La Roche, mena ses 2.000 hommes contre le poste insignifiant de Belleville. Seuls, les Maraichins s'approchent de la côte pour aider à débarquer à La Croix-de-Vie 2.000 fusils, 800.000 cartouches, du plomb et de la poudre amenés par le marquis de La Rochejaquelein.

Combat de l'Aiguillon (15 mai).

Travot, rassemblant un millier d'hommes, marcha contre lui. Près de l'Aiguillon, il rencontra un convoi de munitions conduit vers le Bocage par Nicollon des Abbayes. Une fusillade s'engage. Travot s'empare d'une partie des voitures, puis pousse jusqu'à Saint-Gilles d'où le second stock de munitions avait filé vers le Marais. Il y trouve encore un canon et 18 charrettes de matériel, les dirige sur Nantes, rebrousse vers La Roche, apprend la jonction de Suzannet et de Sapinaud à Aizenay, sous le commandement du marquis de La Rochejaquelein reconnu par eux deux, en qualité de généralissime. Sachant l'incapacité des Vendéens à se garder, Travot les attaque de nuit sur deux colonnes, baïonnette au canon, les surprend complètement, les culbute, blesse mortellement Ludovic de Charette. Rentré à La Roche, il y apprend qu'une partie de la poudre débarquée a été enfouie au Pas-au-Peton. D'une activité infatigable, il repart, déterre les munitions, les conduit à Nantes.

Combat d'Aizenay (21 mai).

Perte de Cholet.

Combat de Saint-Pierre-des-Echaubrognes (17 mai).

Le 17 mai, répondant à l'ordre de Travot qui l'appelait à La Roche, le 26ᵉ s'était mis en marche de Cholet sur Châtillon. A la hauteur de Saint-Pierre-des-Echaubrognes une vive fusillade l'avait accueilli. Harcelé sur ses derrières et son flanc gauche, le colonel Prévost n'avait pu s'assurer la possession de son gîte qu'en chargeant à la baïonnette ses agresseurs, lesquels n'étaient autres que les Poitevins de La Rochejaquelein en marche sur Cholet, dont ils méditaient l'attaque de concert avec les Angevins de d'Autichamp.

Resté maître de la situation, le colonel Prévost se la représenta fort critique. Obsédé par les souvenirs de la Grande Guerre, séparé du 15ᵉ en garnison à Chemillé, avec lequel il ne put rétablir que difficilement sa liaison, il considéra son mouvement sur La Roche comme impossible à exécuter. Il rentra dans Cholet que les coureurs de d'Autichamp entouraient déjà. Sans nouvelles du général Delaborde, dont les dépêches ne passaient plus, menacé au nord par les Angevins et, croyait-il, au sud par La Rochejaquelein, dont il ignorait la nouvelle direction de la marche sur la côte, il se résolut à l'évacuation. Les deux régiments prirent la direction d'Angers et de Saumur, laissant 500 hommes au Pont-Barré. Le 24 mai, d'Autichamp les remplaçait et entrait solennellement dans la capitale du Bocage aux cris de « Vive le Roi ! »

Perte de Cholet (24 mai).

Ce succès et l'affaire des Echaubrognes, considérée comme une victoire puisqu'elle avait amené l'évacuation de l'Anjou ; l'arrivée d'un chef, le marquis de La Rochejaquelein, ayant le prestige d'un nom illustre et qui s'était constitué un Etat-Major complet dirigé par un général (Canuel), très au courant des affaires militaires, tout cela constituait un ensemble d'événements propres à enflammer l'ardeur vendéenne.

Impressionné, l'Empereur se résigna à faire passer immédiatement dans la Vendée des forces importantes, dont une brigade de la Jeune-Garde et deux batteries. Belle-Isle, Noirmoutier, Aix, Ré durent se démunir de leurs garnisons. Le général Delaborde cédait la place au général Lamarque.

CHAPITRE III

ARMÉE DE LA LOIRE :

Quartier général : Nantes.
Lamarque, général en chef.
(21 mai 1815).

Au chef malade et sans activité en succédait un plein de vigueur et de feu, très au courant de la guerre de chicanes qu'il venait de mener avec maîtrise en Calabre et en Catalogne. D'une éloquence rare, d'une élévation d'esprit et d'une hardiesse de vue comparables à celles de Hoche, il arrivait, comme autrefois celui-ci, revêtu de pouvoirs fort étendus permettant la négociation directe avec les chefs, leur mise hors la loi, l'incendie de leurs châteaux. Mais, plein de modération et de sang-froid, il n'ignorait point combien les exécutions de ce genre avaient jadis contribué à exciter les esprits, et développé chez le soldat la passion du pillage.

A l'imitation de Canclaux et de Biron, il était partisan d'une offensive par l'ouest mais très méthodique. « Peu importait une occupation trop rapide de Cholet ou de Mortagne où l'on serait vite entouré d'ennemis. En ôtant aux Vendéens les secours extérieurs, en les refoulant dans les terres, on devrait rendre leur résistance moins vive. »

Il fallait s'avancer avec la pioche qui « ainsi que le canon, a pris plus de places et gagné peut-être autant de batailles ». De la côte fortifiée, puis de la transversale Légé-Palluau, toujours piochant, toujours occupant les points stratégiques, élargissant les chemins, on atteindrait la seconde transversale Montaigu-La Roche.

En même temps, les négociations se poursuivaient. Fouché et le vicomte de Malartic, ancien major-général de l'armée catholique du Maine en 1799, y furent employés par l'un et l'autre parti. Moyennant le licenciement des troupes paysannes, on promettait l'amnistie pleine et entière.

Concentration des troupes. — Etat de l'armée vendéenne.

Pour procéder à la conquête de sa base d'opérations côtière, Lamarque ordonna à tous les petits paquets disséminés par son prédécesseur de se réunir, et aux divisions Brayer et Travot de se concentrer, la première à Nantes, la seconde à La Roche. Dix-sept bataillons, dont quatre de la Jeune-Garde et un de gendarmerie à pied, lui constitueraient une masse de 9.000 hommes d'infanterie environ, sans cavalerie — 300 sabres seulement, dont quelques chasseurs de Vendée ; sans artillerie — il n'en voulait pas et laissait ses canons à Nantes — mais de bonnes troupes.

L'armée vendéenne, de son côté, présentait sur le papier un ensemble assez imposant, auquel le marquis de La Rochejaquelein s'était imposé en quelque sorte comme chef suprême, avec le général Canuel en qualité de chef d'Etat-Major. D'Autichamp, Sapinaud, Suzannet, Auguste de La Rochejaquelein, commandaient respectivement les 1er (Anjou), 2e (Centre), 3e (Bas-Poitou), 4e corps (Haut-Poitou). Organisation toute factice dans laquelle, du chef au simple soldat, chacun tendait à suivre son inspiration particulière. « En Vendée, il ne faut pas que l'autorité commande.... Les Vendéens ne veulent pas être menés, ils entendent qu'on subisse leur volonté tout entière (1). » Comment vaincre quand on professe de pareilles doctrines, celles de presque toutes les levées tumultuaires, il faut le dire, et qui mènent droit aux catastrophes ?

Le comte d'Autichamp, entre autres, n'avait pas reconnu sans un combat intérieur, l'autorité du marquis, son subordonné dans la hiérarchie militaire, et dont les pouvoirs ne s'appuyaient sur aucun document écrit, mais sur une simple exclamation de Louis XVIII.

Sapinaud et Suzannet l'ayant acceptée l'un sans enthousiasme, l'autre « par courtoisie » (2), il avait fait comme eux, le 21, dans l'entrevue de Cholet. Pour que cette soumission à un chef dont les services passés ne pouvaient se comparer aux siens fût absolue, il eût fallu à d'Autichamp la modestie d'un La Tour-d'Auvergne ou l'esprit de discipline d'un Canrobert. En croyant

(1) D 1 6/385.
(2) D 1 6/380.

régler, par une simple désignation orale, la question du commandement suprême en Vendée, Louis XVIII avait fait preuve d'une profonde méconnaissance des conditions d'existence des armées, aussi bien que de la façon dont s'étaient déroulées en Vendée, les précédentes campagnes insurrectionnelles. Quoi qu'il en soit, l'armée royaliste dont l'effectif s'élevait, d'après une estimation probablement fort exagérée (1), à 30.000 fantassins et 1.200 cavaliers, vint se concentrer, du côté du Marais, entre Challans et Légé, pour protéger le débarquement des munitions.

Dislocation des forces vendéennes.

Le 30 mai, Travot quittait Nantes pour se concentrer vers La Roche-sur-Yon, menant sa 1re brigade (Grosbois) à la rencontre de sa seconde (Estève), à laquelle il avait donné rendez-vous. L'absence de cavalerie faisait que l'on possédait peu de renseignements sur l'ennemi.

Arrivé à Saint-Etienne-de-Corcoué, Travot apprend la présence de d'Autichamp à Légé, son cantonnement du soir. Ne voulant pas reculer, désireux de rejoindre Estève il persiste. Peu après on lui signale sur son flanc droit un nouveau corps ennemi (Suzannet) traversant la forêt de Touvoi et qui, bientôt à sa portée, l'attaque vivement en queue. Renforçant son arrière-garde, le général continue sa marche offensive sur Légé qu'il trouve vide d'ennemis, parce que d'Autichamp l'avait quitté dès le matin. Mais une troisième division royaliste venait de le traverser si fraîchement que ses derniers éléments se retournent contre les troupes impériales pour leur disputer la possession du bourg.

L'action dura peu, en tête et sur les derrières. Tout s'évanouit bientôt. Sans s'en douter, Travot s'était trouvé un moment en posture fort critique, entre les trois premiers corps vendéens en train d'exécuter une marche générale rétrograde, et que leur manque d'entente avait empêchés de profiter de l'occasion fugitive mise à leur portée par les hasards de la guerre. En se retournant et réunissant leurs efforts, ils écrasaient, sans doute, la brigade impériale absolument isolée. Intimidé par le rassemblement vendéen et l'apparition de la flotte anglaise, Estève

(1) D 1 6/326.

n'avait pas quitté La Roche, rappelant même à lui la garnison de Saint-Gilles.

Reflux du Falleron.

Aussi incohérent dans la forme que dans le fond, ce reflux vers le Bocage des contingents vendéens était dû à un défaut profond d'entente qui rongeait l'état-major royaliste.

Le marquis Louis n'avait obtenu de ses collègues qu'une reconnaissance apparente de son autorité, et son concept d'une concentration dans le Marais n'avait trouvé bonne grâce ni près des Angevins, ni près des Bocains, habitués à considérer ce territoire maritime comme un redoutable coupe-gorge. Les divisionnaires — son frère Auguste excepté — s'étaient donc réunis pour délibérer de la situation dans la cure de Falleron.

Influencés déjà, prétendent certains, par les négociations Malartic, d'Autichamp, Sapinaud et Suzannet s'étaient répandus en récriminations contre l'opiniâtreté, le despotisme du généralissime et son mépris pour les avis de ses collègues (1). On y avait discuté sa décision, judicieuse en somme, et prise au su de tous, de laisser les 1er et 2e corps en observation à Saint-Christophe-du-Ligneron, pendant que le 4e pénétrait seul dans le Marais pour protéger l'opération si urgente de l'atterrissage des munitions. La situation des royalistes n'était pas mauvaise. Les troupes impériales étaient disséminées, la division Brayer s'immobilisait sur le Layon contre un faible détachement (Cady) ; Travot était encore partagé entre Nantes et La Roche.

En dépit de ces circonstances favorables, les chefs réunis au Falleron avaient objecté la fatigue, la désertion, la pénurie de vivres, réelle à Saint-Christophe évidemment, mais dont ne souffraient pas les communes voisines (2).

Rebelle, par instinct en somme plutôt que par calcul, à la direction générale, chacun avait mis en avant les nécessités de la défense immédiate de son canton, et l'on s'était arrêté à une résolution non seulement mauvaise mais encore monstrueuse : la désobéissance nette. D'où le reflux du Falleron.

(1) D 1 6/355.
(2) D. 1 6/379.

Combat des Mattes. — Mort du Marquis.

Averti par un exprès de cet incompréhensible abandon, le marquis de La Rochejaquelein entra dans une violente colère. « On a juré ma perte, s'écria-t-il, eh bien ! je périrai, mais je sauverai l'honneur de la Vendée. » Et dans une proclamation retentissante, il prononça la révocation des dissidents. Puis, se couvrant par un détachement, posté dans Sainte-Croix-de-Vie, face à Saint-Gilles qu'avait évacué Estève, il s'occupa de débarquer ses munitions et d'en former un convoi ayant pour destination Saint-Jean-de-Monts.

Cependant le général Travot avait rejoint La Roche. Il prit ses dispositions pour reconquérir la côte. La 1re brigade (Grosbois), dut reprendre Saint-Gilles, pendant que la seconde (Estève), manœuvrant sur les derrières du marquis, le couperait du Marais.

Combat de Saint-Gilles (2 juin).

L'exécution de cet ordre donna lieu, dans Saint-Gilles même, à un vif combat au cours duquel le général Grosbois fut tué. Le marquis formant ses voitures les fit aussitôt filer sur le Marais ; mais, pendant ces conjonctures, Estève avait achevé son mouvement. Il parut sur le flanc des Vendéens en marche. Ceux-ci se déployèrent dans les fossés de la prairie vaseuse des Mattes. Monté sur un talus, le marquis s'exposait avec une belle bravoure à tous les coups. Bientôt une balle l'atteint. Il meurt. Sa troupe se disperse.

Combat des Mattes (3 juin).

Opérations dans le Bocage.

La côte était libre, et la mort du marquis devait encore augmenter le trouble moral dont souffraient les Vendéens. Pressé par l'Empereur, Lamarque abandonne donc quelque chose du plan très méthodique qu'il s'était fixé. Il se borne à fortifier les points principaux de la côte, met dans Saint-Gilles 500 hommes, renforce La Roche et Les Sables, puis, tranquille sur ses derrières, prend ses dispositions pour briser, avec les 6.000 hommes qui lui restent, les dernières résistances de l'adversaire. Le 11 juin, il quitte Nantes pour Machecoul. L'apparition d'une flotte anglaise, dans les parages de l'île d'Yeu, lui fait perdre quelques jours, comme aussi certaines opérations de police dans le Marais à la recherche des dernières cachettes de matériel.

Les Vendéens s'étaient donné un nouveau généralissime en la

personne de Sapinaud, qui avait fait choix d'Auguste de La Rochejaquelein comme major-général. Saint-Hubert et Dupérat remplaçaient respectivement chacun d'eux à la tête de leurs divisions, 8.000 hommes environ avaient répondu au suprême appel qui venait d'être lancé. Ils étaient rassemblés autour de la Roche-Servière, forte position couverte par le ravin de La Boulogne.

Combat de La Roche-Servière (20 juin).

Deux reconnaissances éclairent le général Lamarque. Le 20 juin il se dirige vers La Roche-Servière. Des bois du Coin, sur son flanc gauche, sort Saint-Hubert avec ses Bocains ; il déploie contre lui la Jeune-Garde. Suzannet accourt à la rescousse. Il est tué. Les royalistes se débandent.

Sous la protection de sa flanc-garde, Lamarque avait continué sa marche d'approche sur l'objectif principal avec ses trois autres brigades. D'Autichamp, placé dans La Roche-Servière, l'arrête par un feu très vif. Il lui oppose le 8e léger puis, manœuvrant sur chacun des flancs, franchit la rivière à gué et sur le barrage d'un moulin passager, non gardés l'un et l'autre. Le mouvement tournant, coïncidant avec un choc de front à la baïonnette, brise la résistance des Vendéens (20 juin).

Affaire de Thouars (20 juin).

Auguste de La Rochejaquelein et le général Canuel n'avaient pas pris part à l'affaire. En dépit de d'Autichamp, ils s'étaient engagés avec 2.000 fusils, dans une opération latérale sur Thouars, qui ne pouvait avoir aucune influence sur le résultat final. Engagée pour prendre possession de poudre, de fusils et de fonds mal gardés, peut-être aussi pour montrer sur ses marches la vitalité de la Vendée (1), cette diversion inconsidérée devait se heurter au général Delaage, l'ancien combattant de Saint-Cyr-en-Talmondais, commandant du département des Deux-Sèvres, en observation à Parthenay avec 4.000 hommes. La ville fut occupée pendant la matinée du 20, mais, le jour même à 6 heures du soir, Delaage se présentait après avoir jeté sur la ligne de retraite des Bocains deux compagnies de gardes nationaux, dont le peu de solidité sauva seule d'un désastre La Rochejaquelein, vite réduit à se faire jour l'épée à la main.

Paix de Cholet.

Ces deux journées avaient consommé la ruine des espérances royalistes. « Faisant passer l'intérêt de la paix avant toute

(1) D 1 6/404.

autre considération, Lamarque poursuivit ses adversaires autant par ses propositions de paix que par ses colonnes. » Il leur fit offrir de nouveau les conditions Fouché-Malartic. Le 23, à Clisson, il en recevait une demande de délai qui pût leur permettre de se concerter avec les chefs de la rive droite: Il leur communiqua la nouvelle de la grande victoire de Ligny, puis, refusant une suspension d'armes plus longue, marcha sur Cholet. Le 25, Travot couchait à Montfaucon et la division Brayer à Beaupréau.

Paix de Cholet ou de La Tessoualle (27 juin).

Incapables de résister, les chefs vendéens s'étaient décidés la veille pour la paix, dans la conférence de La Tessoualle. Ils la signaient le 27, à Cholet. Cinq jours après, l'abdication de Napoléon était connue.

CINQUIÈME VENDÉE

(Mai-Juin 1832)

CINQUIÈME VENDÉE

(Mai-Juin 1832)

12e DIVISION MILITAIRE
SUBDIVISION DE NANTES.

Quartier général : NANTES

DESMONCOURT, général.

Sorte d'équipée aventureuse et romanesque, la cinquième Vendée, due à l'action personnelle de la duchesse de Berry, fut exclusivement politique, comme la troisième et la quatrième. « Les prêtres, bien que sympathiques à la prise d'armes, avaient la conviction de son insuccès et s'effaçaient pour la plupart (1). » « Les villes et les gros bourgs étaient généralement opposés à Henri V. » Même dans les rangs légitimistes, parmi les plus actifs conseillers et les plus dévoués serviteurs des Bourbons, d'importantes défections se produisirent dès le début. L'aîné de La Rochejaquelein lui-même, persuadé de l'inutilité d'une prise d'armes, refusa son appui.

Ce fut cependant à l'occasion d'un service funèbre dans cette famille que les personnalités du parti se réunirent et procédèrent à un échange de vues. Quelques attroupements s'étaient déjà constitués dans le Haut-Poitou, autour de Diot (2), à La Tour-Landry, et du maçon Sortant (3), aux environs de Pouzauges et des Herbiers. On résolut d'entrer en relations suivies avec la duchesse de Berry. Le caractère hardi de cette princesse semblait promettre à la Vendée royaliste ce chef unique qui avait toujours manqué à ses destins.

(1) D 6/756.
(2) Sous-officier de gendarmerie, démissionnaire en 1830.
(3) D 6/551.

Mais on n'improvise rien à la guerre, surtout le haut commandement ; le parti légitimiste allait l'expérimenter une troisième fois. Rien n'avait préparé au rôle important qu'elle prétendait jouer, la « jolie laide » imprévoyante, vaillante, nerveuse, que sa « gaieté toute napolitaine autant que son inexpérience, sa hardiesse et sa franchise, devaient vite exposer dans ses propos comme dans ses actes, à d'irréparables étourderies (1). »

Plan général du soulèvement.

De concert avec la duchesse, et malgré les répugnances de Charles X (2), le plan du soulèvement fut arrêté sur les bases suivantes. Madame, déclarée régente pendant la minorité du duc de Bordeaux, serait conseillée par le maréchal de Bourmont, vétéran des luttes chouannes.

Elle débarquerait à Marseille, et ferait soulever le Midi en s'appuyant sur les régiments rentrés d'Algérie, et qui se trouvaient échelonnés le long du Rhône. La Vendée ne prendrait les armes qu'ensuite, sous le commandement du comte d'Autichamp, assisté de trois lieutenants : Cathelineau, fils de l'ancien généralissime, ex-lieutenant dans la garde royale, désigné pour le 1er corps (Anjou) ; Auguste de La Rochejaquelein pour le 2e (Haut-Poitou) ; Athanase de Charette, fils de Louis, tué aux Brouzils et frère de Ludovic tué à Aizenay, pour le 3e (Bas-Poitou). Témoin de la régression constante de l'enthousiasme depuis 1793, le comte d'Autichamp donna son acquiescement de principe, sans se faire grande illusion sur le résultat final.

La partie militaire du plan était due au maréchal de Bourmont. Les trois corps de la rive gauche devaient prendre les armes en même temps que sept autres organisés sur la rive droite. On ferait prisonniers les petits cantonnements isolés, puis on marcherait contre les premières troupes venues d'Angers, de Nantes ou de La Roche. La garnison de Nantes, battue et refoulée vers La Roche, on tâcherait de décider Luçon, Fontenay, Les Sables, pendant qu'on lèverait des régiments régulièrement soldés. Appuyé sur Nantes, Rennes, Pontorson, Vannes, et, éventuellement sur La Rochelle, on porterait ensuite des détachements jusqu'aux environs de Versailles par les forêts du Perche.

(1) « La duchesse de Berry », par le marquis Costa. *Revue des Deux-Mondes*, 1908.

(2) D 1 6/574.

Débarquement de la Duchesse de Berry.

Le 11 mai, la duchesse débarquait à Marseille où sa tentative de soulèvement resta sans succès. Son entourage s'efforça d'obtenir d'elle l'abandon de son projet. Jeune et ardente, « ambitieuse avec des sursauts de colère et des chutes de volonté », qui devaient se manifester plus tard dans une série de contre-ordres successifs, la princesse résista.

Sous un déguisement, elle gagna la Vendée où le maréchal de Bourmont la rejoignit au Meslier, près de Légé. La levée générale fut fixée au 24, après une série de négociations contradictoires entre les partisans du soulèvement, et ceux qui faisaient ressortir et la faiblese des ressources, et le peu d'entente entre les différents chefs, et la défection même de certains divisionnaires importants. Berryer, lui-même, venu secrètement en Vendée, avait vainement tenté d'arracher à la duchesse la détermination de sortir de France. Il obtint cependant que la levée de boucliers fût remise au 4 juin.

Mesures prises par le gouvernement.

Le gouvernement ignorait à ce moment la présence de la duchesse de Berry dans l'ouest, mais l'agitation des esprits ne lui échappait pas, et il avait pris des mesures de précautions, 50.000 hommes avaient été peu à peu concentrés en Bretagne, dans le Maine, en Vendée. Le 16ᵉ de ligne occupait solidement Cholet, le 57ᵉ La Roche-sur-Yon, le 64ᵉ Parthenay, le 29ᵉ Bressuire. De nombreuses compagnies de gendarmerie avaient été mobilisées. On avait désarmé les populations. Des battues incessantes traquaient les réfractaires des classes de 1829 et 1830 qui formaient le noyau des attroupements, et se voyaient réduits à ne sortir que la nuit.

En avant de Nantes, le général Solignac avait pris ses dispositions. Les arrondissements de Chateaubriant, d'Ancenis, de Savenay, de Machecoul, de Clisson, commandés chacun par un officier supérieur, se couvraient eux-mêmes de groupes plus faibles. Clisson, par exemple, le centre le plus exposé, avec deux cantonnements secondaires d'une compagnie à Vallet et au Loroux, plus une réserve centrale de quatre compagnies, devait contribuer puissamment à dissiper les rassemblements du 1ᵉʳ corps vendéen, le mieux organisé et le mieux commandé.

Soulèvement partiel du 24 mai. — Mort de Cathelineau.

Echauffourée d'Amailloux (24 mai 1832).

Le contre-ordre royaliste lancé à la dernière heure n'avait pas touché les Deux-Sèvres. Le 23, Diot paraît à Chiché à la tête de 2 à 300 hommes. Il échange des coups de feu avec deux compagnies du 64e ; le lendemain les postes voisins l'enveloppent dans les bois d'Amailloux et le dispersent sans grand'peine. Sur un officier pris, on trouve les ordres relatifs au soulèvement général et des documents concernant la constitution du 2e corps.

Des mesures de police sont prises aussitôt. On arrête un grand nombre de chefs de paroisses. Une série de visites domiciliaires donnent en deux points d'importants résultats. Au château de La Charlière, on découvre un ordre du jour, signé Marie-Caroline, régente de France, et contresigné maréchal de Bourmont, remettant la prise d'armes au 4 juin. Au château de la Chaperonnière, non loin de Beaupréau, Cathelineau, surpris, est tué (27 mai).

Dans le Maine avaient eu lieu quelques échauffourées sans grande importance. La duchesse résolut de se rapprocher de Nantes, et se rendit à Maisdon, centre du corps d'armée de Charette où devaient, d'après le plan du maréchal, se joindre aux contingents du Bas-Poitou ceux de l'Anjou et la garde d'honneur de Madame, secrètement constituée dans Nantes à l'effectif de 250 hommes, cavaliers et fantassins.

Prise d'armes du 4 juin.

Le 4 juin, Athanase de Charette arborait le drapeau blanc à Montbert. 500 hommes se réunissent à 65 gardes d'honneur seulement, car le zèle de la compagnie nantaise fut très amoindri par le contre-ordre du 24 mai. A Saint-Philbert, autour de la ferme de La Robrie, 400 fusils environ se rassemblent, 900 Maraîchins ont donc répondu à l'appel de la princesse. D'un autre côté, à Maisdon, M. de Puyseux en levait 500 autres encore.

Pour empêcher les deux principaux groupes de se souder, le général Dermoncourt occupe la route de Nantes à La Roche, porte le 32e à La Chapelle-Heulin pour contenir le Loroux et soutenir les cantonnements de Vallet et de Clisson, et fait envoyer de ce dernier point deux compagnies contre le rassemblement de Maisdon.

Il en amène une troisième lui-même. L'action s'engage. Les royalistes sont dispersés, Charette, leur chef, cherche à gagner Pont-James. Pris entre deux feux par une colonne qui en sort, et une autre qui débouche des cantonnements de La Roche-Servière, il est encore battu au Chêne et définitivement dispersé. Madame doit se retirer au Tréjet en Pons-Saint-Martin, où elle restera jusqu'à son refuge à Nantes.

Combat du Chêne (5 juin).

Combats de la Pénissière et de la Rouillère.

Le jour même du combat du Chêne, la garnison de Clisson apprenait le rassemblement, à sa portée, d'un parti de 45 royalistes au manoir de La Pénissière. Trois compagnies du 29e prennent le contact. Bien retranchés, bien commandés par M. de Girardin, les légitimistes fournirent une belle défense, de 11 heures du matin à 9 heures du soir, qui donna à cette affaire, presque insignifiante en elle-même, les proportions d'un véritable fait d'armes.

Quant aux contingents du 2e corps — quelques centaines d'hommes — ils s'étaient réunis à La Gaubretière, au sud de Mortagne. En l'absence d'Auguste de La Rochejacquelein, parti en Angleterre à la recherche d'armes et de munitions, M. du Chillon en prit le commandement et menaça Cholet dont la garnison faisait colonne. La Garde Nationale de cette ville marchant alors contre les royalistes, les aborda à La Rouillère et se fit battre.

Combat de La Rouillère.

Le soulèvement des Mauges.

La mort de Cathelineau avait décapité le 1er corps, M. de Bouillé, gendre de Bonchamps, en prit le commandement et ne réussit qu'à grouper 3 à 400 jeunes gens de Chemillé et de La Tour-Landry, qui, réunis au Pin-en-Mauges, virent de paroisse en paroisse doubler leur nombre.

Réunion du Pin-en-Mauges (4 juin).

La troupe, libérée par la dispersion du 3e corps, leur livra quelques combats dont les principaux, ceux du Fief-Sauvin (11 juin), et de la Grande-Roche (12 juin), coûtèrent aux deux partis une certaine perte, mais amenèrent la dislocation complète des Bocains. La Bretagne, pendant ce temps, ne remuait pas. Forcée de reconnaître l'inutilité de sa tentative, la duchesse gagna Nantes. Découverte le 6 novembre, elle sortait le 5 juillet 1833 de sa prison de Blaye, dans des circonstances bien connues désormais.

INDEX

1° Table des matières.

2° Table des situations extraites des Archives de la Guerre.

3° Clef des références.

4° Tableau chronologique et cartographique des Cinq Vendées.

5° Liste nominative des généraux ayant commandé en chef pendant les Cinq Vendées.

TABLE DES MATIÈRES

PAGES

AVANT-PROPOS.. 1

PREMIÈRE VENDÉE

LA GRANDE GUERRE

Chapitre I. — Préliminaires. — Saint-Florent. — Les premiers combats.. 7

Chapitre II. — Berruyer, général en chef. — L'attaque convergente. — Déroutes au centre et à droite. — Opérations en Basse-Vendée et en Bas-Poitou.. 21

Chapitre III. — Leygonier, général en chef par intérim. — Déroutes du centre et de l'aile gauche. — Coup d'œil sur l'organisation des deux partis.. 30

Chapitre IV. — Canclaux et Biron, généraux en chef. — Saumur-Nantes.. 44

Chapitre V. — Rossignol et Canclaux, généraux en chef. — Deuxième attaque convergente. — Nouvelles déroutes. — Arrivée de l'armée de Mayence.. 57

Chapitre VI. — Léchelle, général en chef. — Attaque par La Sèvre. — Torfou. — Mort de Lescure. — Cholet.. 71

L'OUTRE-LOIRE

Chapitre I. — Léchelle, général en chef. — La Croix-Bataille. — Entrammes. — Craon.. 77

Chapitre II. — Rossignol, général en chef. — Granville. — Pontorson. — Dol. — Antrain. — Angers.. 81

Chapitre III. — Marceau, général en chef. — La Flèche. — Le Mans. — Savenay. — Basse-Vendée. — Mort de d'Elbée.. 87

SECONDE VENDEE

Chapitre I. — Turreau, général en chef. — Les colonnes infernales. — Mort de La Rochejaquelein 92

Chapitre II. — Vimeux, général en chef. — Organisation des camps retranchés 110

Chapitre III. — Alexandre Dumas, général en chef. — Surprise des camps retranchés par Charette 117

Chapitre IV. — Canclaux, général en chef. — Négociations avec les chefs royalistes. — Traités de La Jaunaye et de Varades.. 124

Chapitre V. — Hoche, général en chef. — Conquête de l'opinion et du sol. — Descente de l'île d'Yeu 133

Chapitre VI. — Dictature de Hoche. — Mort de Stofflet et de Charette 144

TROISIÈME VENDEE

Chapitre I. — Michaux, général en chef. — Attaque simultanée des grandes villes par les royalistes 157

Chapitre II. — Hédouville, général en chef. — Négociations. — Delaage dans le Bocage et Travot dans le Bas-Poitou. — Paix de Montfaucon 165

QUATRIÈME VENDEE

Chapitre I. — Avortement de la tentative du duc de Bourbon.... 171

Chapitre II. — Delaborde, général en chef. — Perte de Cholet... 175

Chapitre III. — Lamarque, général en chef. — Débarquement et mort du marquis de La Rochejaquelein. — La Roche-Servière. — Paix de Cholet 179

CINQUIÈME VENDEE

Chapitre unique. — Dermoncourt, général en chef. — Mort de Cathelineau. — Prise d'armes du 4 juin. — La Pénissière... 189

INDEX 195

CLEF DES RÉFÉRENCES 201

TABLE DES SITUATIONS

EXTRAITES DES ARCHIVES DE LA GUERRE

	PAGES
Stuation des Gardes nationales vendéennes en 1793	9
Effectif général des Gardes nationales	11
Situation générale de l'armée de réserve	23
Situation générale de l'armée des Côtes de Brest	25
État des forces de la division Ladouce	26
Situation générale de l'armée des Côtes de La Rochelle, mai 1793	41
Détail des garnisons	42
Situation générale de l'armée de Saumur, juin 1793	53
Situation générale de la division de la Barolière, juillet 1793	54
Situation générale de l'armée de Mayence, septembre 1793	61
Détail de l'avant-garde de l'armée de Mayence, septembre 1793	62
Situation de l'armée de l'Ouest, novembre 1793	83
Situation du bataillon le Vengeur	84
Situation de l'armée de l'Ouest, mars 1794	95
Situation de l'armée de l'Ouest, mai 1794	107
Composition d'une demi-brigade	108
Situation de l'armée de l'Ouest, septembre 1794	114
Ses emplacements	116
Stuation de l'armée de l'Ouest, décembre 1794	121
Situation de l'armée de l'Ouest, septembre 1795	131
Ses huit divisions	132
Situation de l'armée de l'Ouest, décembre 1795	141
Situation de l'armée des Côtes de l'Océan	147
Détail de la Grande Division du Sud	148
Situation de l'armée d'Angleterre	159
Détail de la douzième Division	160
Garnisons de la Vendée en 1815	173

CLEF DES RÉFÉRENCES

Les références chiffrées placées dans les tabeaux chronologiques en face des noms de lieu, ou bien dans le cours du volume au bas des pages y sont topographiques ou bibliographiques; elles servent à l'identification sur les cartes d'état-major au 1/80.000 ou renvoient à une des sources énumérées plus loin.

Références topographiques

Numérateur

Numéro de la carte (voir page 202).

Dénominateur

1. Quart N.-O.
2. Quart N.-E.
3. Quart S.-O.
4. Quart S.-E.

Ex. : Chemillé 1/4 signifie cherchez Chemillé dans la carte de Cholet S.-E.

Références bibliographiques

Arch. G. — Archives de la Guerre.

B. — Béjarry, *Souvenirs vendéens.*

Ch. — Chassin : G. *Préparation à la guerre de Vendée ;* V. *La Vendée patriote ;* P. *Pacification de l'Ouest.*

D_1. — Abbé Deniau, curé du Voide.

D_2. — Abbé Deniau, curé de Saint-Macaire-en-Mauges.

Doc. In. — Documents inédits sur l'Histoire de France (Bibliothèque Nationale).

Kl. — Kléber, Mémoires Baguenier-Desormeaux.

L. R. J. — Mémoires de la marquise de La Rochejaquelein.

P. D. — Patu-Deshautschamps, *Dix ans de Guerre intestine*.
R. — Roguet : E. T. *Essai théorique ;* V. M. *La Vendée militaire*.
Sav. — Savary.

Lettre

Nom de l'auteur.

Fraction

Numérateur : numéro du volume.
Dénominateur : numéro de la page.
Ex. : Ch. G. 1/30 signifie Chassin, Préparation à la *Guerre de Vendée*, 1 volume, page 30.

INDEX TOPOGRAPHIQUE

Nom de la Carte d'Etat-major citée	Numéro des Cartes
Cholet	1
Ancenis	2
La-Roche-sur-Yon	3
Saumur	4
Palluau	5
Nantes	6
Angers	7
Fontenay-le-Comte	8
Coutances	9
Avranches	10
Dinan	11
La Flèche	12
Le Mans	13
Saint-Nazaire	14
Laval	15
Les Sables	16
Bressuire	17
Ile d'Yeu	18

AUTRES RÉFÉRENCES CARTOGRAPHIQUES
concernant des lieux cités dans cet ouvrage

A

Alouettes (Mont des) 8/2
Argenton-Château 4/3

B

Beaurepaire 3/1
Boissière (la) 1/3

C

Camp d'Apremont 5/2
Camp de Bournezeaux 3/3
Camp de Chiché 17/1
Camp de Moncoutant 17/3
Camp de Nesmy 3/3
Camp de La Proutière 16/1
Camp de Saint-Georges de Pointindoux 5/3
Camp des Sorinières 6/2
Camp de Thouarcé 4/1
Camp de Vrines 4/1
Chataigneraie (la) 5/1
Château d'Aux 6/2
Château de la Baronnière (5 km. S.-O. de Saint-Florent) (Bonchamps) 7/3
Château de la Chaperonnière (5 km. O. de Jallais (Cathelineau fils) 1/2
Château de la Durbellière (la Rochejaquelein) 1/3
Château de Clisson (Lescure) 5/1
Château du Lavoir (en Neuvy) (abbé Bernier) 1/2
Château de la Loge (1.500 m. N.-E. de Beaupréau (d'Elbée) 1/1
Château du Meslay (3 km. E. Montaigu) 1/3
Château de la Morosière (1.500 m. S.-O. de Neuvy (Stofflet) 1/2
Château de Villeneuve (9 km. S.-E. de Nantes) 6/2
Chabotterie (la) (2 km. S.-E. de Saint-Sulpice-le-Verdon) (Prise de Charette) 3/1
Créancière (la) 3/4

F

Falleron (le) 5/2
Forêt de l'Essart 3/1
Forêt des Gâts (6 km. E. de Belleville (Bois de Mongé actuel) 3/1
Forêt de Gralas 3/1
Forêt de Grammont 3/1
Forêt de Grand-Lande 5/2
Forêt de l'Herbergement 3/1
Forêt de Maulévrier 1/4
Forêt de Princé 6/1
Forêt de Touvois 5/2
Forêt de Vézins 1/2

G

Garnache (la) 5/2
Grandlieu (lac de) .... 6/2 et 4
Goulaine (Haute) 1/1

H

Herbiers (les) 3/2

I

Ile de Bouin 6/3
Ile de Noirmoutier 6/3
Ile d'Yeu ....

L

Louée (la) 6/4
Loroux (le) 1/1
Lucs (les) 5/2

M

Marais (nantais) 5/1
Marais niortais ....
Mauges (les) .... 1/1 et 2
May (le) 1/2
Montbert 6/4
Montorgueil 5/2

P

Poiré (le) 5/2
Pont-Barré 7/4
Pont de Boussay (Ponceau sur le ravin de l'Ecornevière) 1/3
Ponts-de-Cé (les) 7/4
Pontereau (le) 1/2

R

Rabatellière (la)....................................
Retz (Pays de)....................................

S

Saint-Clémentin.................................... 5/1
Saint-Etienne de Corcoué.................................... 6/4
Saint-Jean-de-Monts.................................... 5/1
Saint-Laurent.................................... 1/4
Saint-Michel-Mont-Mercure.................................... 3/2
Saint-Philbert-en-Bouaine.................................... 6/4
Sallertaine.................................... 5/1

T

Tessoualle (la).................................... 1/4
Thouarcé.................................... 4/1
Tranche (la).................................... 16/3
Tour-Landry (la).................................... 1/2
Tournebride (3 km. S.-O. de Haute-Goulaine).................................... 1/1

V

Val de Morière (le).................................... 6/4

TABLE CHRONOLOGIQUE ET CARTOGRAPHIQUE

PREMIÈRE VENDÉE

LA GRANDE GUERRE

	Références topographiques	Pages
12 mars 1793. — Soulèvement de Saint-Florent......	2/4	7
14 mars 1793. — Prise de Cholet.....................	1/4	13
17 mars 1793. — Combat de Vihiers,................	4/1	17
19 mars 1793. — Déroute du Pont-Charron..........	3/3	16
22 mars 1793. — Combat de Chalonnes	7/3	17
27 mars 1793. — Combat de Pornic................	6/1	17
29 mars 1793. — Attaque des Sables.....	16/2	17

ARMÉE DE RESÉRVE

(Général de BERRUYER)

	Références topographiques	Pages
8 avril 1793. — Combat de La Grassière............	5/4	29
8 avril 1793. — Combat de La Grève................	5/4	29
9 avril 1793. — Combat de La Mothe-Achard.......	5/4	
11 avril 1793. — Combat du Pas au Peton....... ...	5/1	29
11 avril 1793. — Bataille de Coron.................	1/2	27
11 avril 1793. — Combat du Mesnil..................	2/4	27
11 avril 1793. — Combat de Cheffois................	3/4	30
11 avril 1793. — Bataille de Chemillé...............	1/2	27
12 avril 1793. — Combat de Mouilleron-en-Pareds...	3/4	30
13 avril 1793. — Combat des Aubiers...............	4/3	28
17 avril 1793. — Combat de Saint-Gervais...........	6/4	29
20 avril 1793. — Combat du Bois-Grolleau...........	1/4	27
20 avril 1793. — Combat des Pagannes..............	1/4	28
22 avril 1793. — Prise de Machecoul................	6/4	29
23 avril 1793. — Bataille de Beaupréau.....	1/2	28
28 avril 1793. — Prise de Noirmoutier.............	6/3	29
30 avril 1793. — Combat de Légé....................	5/2	29

	Références topographiques	Pages
ARMÉE DES COTES DE LA ROCHELLE ET DE BREST		
(Général LEYGONIER) *(Général CANCLAUX)*		
3 mai 1793. — Combat de Machecoul..................	6/4	32
5 mai 1793. — Capitulation de Thouars............	4/3	31
7 mai 1793. — Combat de Saint-Colombin..........	6/4	32
15 mai 1773. — Combat de Palluau.................	5/2	32
16 mai 1793. — 1re Bataille de Fontenay	8/2	32
25 mai 1793. — 2e bataille de Fontenay..............	8/2	33
(Général BIRON) *(Général CANCLAUX)*		
4 juin 1793. — Combat de Vihiers..................	4/1	47
7 juin 1793. — Combat de Concourson..............	4/1	47
7 juin 1793. — Combat de Doué....................	4/1	47
8 juin 1793. — Combat de Montreuil-Bellay........	4/4	47
9 juin 1793. — Prise de Saumur....................	4/2	48
10 juin 1793. — Combat de Machecoul..............	6/2	49
25 juin 1793. — Combat de Parthenay.............		50
28 juin 1793. — Combat de Nort....................	14/4	51
28 juin 1793. — 1re Bataille de Luçon.............	8/1	55
29 juin 1793. — Attaque de Nantes.................	6/2	52
3 juillet 1793. — Combat du Moulin-aux-Chèvres....	3/2	55
5 juillet 1793. — Bataille de Châtillon............	3/2	56
(Général ROSSIGNOL) *(Général CANCLAUX)*		
15 juillet 1793. — Combat de Johannet.............	4/1	58
18 juillet 1793. — Désastre de Vihiers.............	4/1	58
24 juillet 1793. — Prise de Chantonnay..............	3/3	58
26 juillet 1793. — Combat d'Érigné.................	7/4	64
30 juillet 1793. — Bataille de Luçon (deuxième)......	8/1	58
2 août 1793. — Combat du Pas-aux-Petons (ou Opton) (deuxième)..................................	5/1	59
5 août 1793. — Combat de Montfort................	4/1	59
13 août 1793. — Bataille de Luçon (troisième)........	8/1	59
5 septembre 1793. — Combat de Chantonnay.......	3/8	60
10 septembre 1793. — Combat de Port-saint-Père....	6/2	66
18 septembre 1793. — Déroute de Coron............	1/2	64
19 septembre 1793. — Défaite de Pont-Barré	7/4	65
19 septembre 1793. — Défaite de Torfou	1/3	66
21 septembre 1793. — Défaite de Montaigu..........	1/3	67
22 septembre 1793. — Défaite de Saint-Fulgent......	3/1	67
6 octobre 1793. — Combat des Treize-Septiers.......	1/3	69

	Références topographiques	Pages
ARMÉE DE L'OUEST		
(Général ***LÉCHELLE****)*		
9 octobre 1793. — Combat du Moulin-aux-Chèvres...	3/2	71
11 octobre 1793. — Combat de Châtillon (deuxième)..	3/2	72
12 octobre 1793. — Prise de Noirmoutier par Charette.	6/3	72
14 octobre 1793. — Prise de Mortagne...............	1/4	72
15 octobre 1793, — Combat de La Tremblaye........	1/4	73
17 octobre 1793. — Bataille de Cholet..............	1/4	73
L'OUTRE-LOIRE		
ARMÉES DE L'OUEST		
(Général ***LÉCHELLE****)*		
18 octobre 1793. — Passage de la Loire à Saint-Florent....................................	2/4	74
25 octobre 1793. — Combat de la Croix-Bataille......	15/4	78
27 octobre 1793. — Bataille d'Entrammes............	15/2	79
29 octobre 1793. — Combat de Craon..............		80
31 octobre 1793. — Combat de Saint-Gilles..........		
(Général ***ROSSIGNOL****)*		
14 novembre 1793. — Siège de Granville..............	9/4	81
18 novembre 1793. — Combat de Pontorson..........	10/2	82
21 novembre 1793. — Bataille de Dol...............	11/2	85
22 novembre 1793. — Combat de Baguer-Pican......	11/2	85
22 novembre 1793. — Bataille d'Antrain.............	10/3	85
3 décembre 1793. — Siège d'Angers..................	7/4	86
(Général ***MARCEAU****)*		
6 décembre 1793. — Attaque du Marais.............	6/3	90
7 décembre 1793. — Combat de Jallais (mort de Bara)...	1/4	89
9 décembre 1793. — Affaire des Quatre-Chemins....	3/1	90
9 décembre 1793. — Combat de La Flèche..........	12/3	87
12 décembre 1793. — Bataille du Mans..............	13/1	88
23 décembre 1793. — Bataille de Savenay...........	14/3	88

SECONDE VENDÉE

ARMÉE DE L'OUEST

(Général TURREAU)

	Références topographiques	Pages
2 janvier 1794. — Reprise de Noirmoutier sur Charette	6/3	94
9 janvier 1794. — Combat de Saint-Fulgent	3/1	97
11 janvier 1794. — Combat des Brouzils	3/1	97
17 janvier 1794. — Ébranlement des colonnes incendiaires		97
26 janvier 1794. — Combat de Chemillé	1/4	98
28 janvier 1794. — Mort de La Rochejaquelein	1/2	98
1er février 1794. — Combat de Gesté	1/1	99
6 février 1794. — Enlèvement de Légé	5/2	100
8 février 1794. — Combat de Cholet	1/4	100
10 février 1794. — Combat de Saint-Colombin (2e)	6/4	100
24 février 1794. — Prise de Bressuire	17/1	101
28 février 1794. — Combat de Saint-Philbert	6/4	
5 mars 1794. — Combat de la Vivantière (3 km. S. des Lucs)	5/2	102
7 mars 1794. — Évacuation de Cholet		103
16 mars 1794. — Combat de Chanteloup	1/4	103
18 mars 1794. — Combat du Fief des Ouleries (6 km. S.-E. Maulévrier)	1/4	104
20 mars 1794. — Combat des Clouzeaux (mort de Haxo)	5/4	104
23 mars 1794. — Perte de Mortagne	1/4	104
7 avril 1794. — Enlèvement du Marais	1/4	105
18 avril 1794. — Combat de Clisson-Boisnier	17/1	106
16 mai 1794. — Destruction des établissements de Vezins	1/4	109
mai 1794. — Reconstitution des trois armées vendéennes		112

(Général VIMEUX)

	Références topographiques	Pages
6 juin 1794. — Combat de Challans	5/1	112
6 juin 1794. — Enlèvement de Belleville	3/1	113
17 juillet 1794. — Combat de La Chambaudière (3 km. Légé)	5/2	113
2 août 1794. — Combat de Noirlieu	17/1	113
2 août 1794. — Combat de Cerizay	3/2	113

	Références topographiques	Pages
(Général DUMAS)		
6 septembre 1794. — Surprise de La Roulière	6/2	119
14 septembre 1794. — Surprise de Fréligné (1 km. Le Falleron)	5/2	119
24 septembre 1794. — Surprise de Moutiers-les-Mauxfaits	16/1	119
(Général CANCLAUX)		
2 décembre 1794. — Proclamation de l'amnistie		125
11 février 1795. — Entrevue de La Jaunaye (4 km. N.-E. Vertou)	6/2	126
17 février 1795. — Traité de La Jaunaye	6/2	126
2 mars 1795. — Assemblée de Jallais	1/2	127
14 mars 1795. — Combat de Chalonnes	2/4	127
18 mars 1795. — Combat de Saint-Florent	2/4	127
9 avril 1795. — Combat de Chanzeaux	1/2	127
2 mai 1795. — Traité de Saint-Florent	2/4	128
2 mai 1795. — Courte suspension d'hostilités		128
17 juin 1795. — Nouvelle levée d'armes		129
25 juin 1795. — Combat des Essarts	3/1	129
25 juillet 1795. — Débarquement de St-Jean-de-Monts (premier)	5/1	129
(Général HOCHE)		
23 septembre 1795. — Arrivée du comte d'Artois		138
25 septembre 1795. — Combat de Saint-Cyr	16/2	138
3 octobre 1795. — Perte de Mortagne	1/4	140
17 novembre 1795. — Combat de Saligny	3/1	140
21 novembre 1795. — Combat de La Ferrière	3/3	140
24 novembre 1795. — Combat des Landes Genusson	1/3	140
28 novembre 1795. — Combat de Chatenay (commune de Saint-Denis-la-Chevasse)	3/1	140
2 décembre 1795. — Combat de La Thibaudière (près du Poiré)	5/2	143
2 décembre 1795. — Entrevue du May	1/4	143

ARMÉE DES COTES DE L'OCÉAN

	Références topographiques	Pages
2 janvier 1796. — Combat de La Bruffière	1/3	150
15 janvier 1796. — Combat de La Créancière (7 km. N. La Roche)	3/3	150

	Références topographiques	Pages
16 janvier 1796. — Combat de La Bignonnière	3/1	150
21 février 1796. — Combat des Brouzils ou de La Bégaudière	3/1	152
24 février 1796. — Prise de Stofflet	1/2	151
28 février 1796. — Combat de La Chauvière	5/2	153
23 mars 1796. — Prise de Charette	5/1	153

TROISIÈME VENDÉE

ARMÉE D'ANGLETERRE

(Général MICHAUD)

6 juin 1799. — Affaire de Niort	1/3	162
— Affaire de Montfauçon	1/3	162
31 juillet 1799. — Affaire de La Bruffière	1/3	162
— Affaire de La Gaubretière	1/3	162
10 octobre 1799. — Arrivée de garnisons d'Italie		163
15 octobre 1799. — Attaque du Mans par les Chouans	13/1	163
20 octobre 1799. — Attaque de Nantes par les Chouans	6/2	163

(Général d'HÉDOUVILLE)

29 octobre 1799. — Combat de La Poëze (2 km. S.-O., Le Pin-en-Mauges)	1/2	165
29 octobre 1799. — Combat de La Bruffière	1/3	166
5 novembre 1799. — Combat des Aubiers	4/3	166
13 novembre 1799. — Combat de La Flocellière	3/2	166
14 novembre 1799. — Combat de La Grande-Lande	5/2	166
9 décembre 1799. — Conférence de Pouancé		166
11 janvier 1800. — Combat de Sallertaine	5/1	167
18 janvier 1800. — Paix de Montfaucon	1/3	167

QUATRIÈME VENDÉE
(mars-juin 1815)

Général en chef : Duc de BOURBON)

14 mars 1815. — Le duc arrive à Angers		171
23 mars 1815. — Le duc gagne Beaupréau		172
26 mars 1815. — Le duc part pour l'Angleterre		174
11 mai 1815. — Réunion de la Basse-Mer		174

	Références topographiques	Pages
(Général DELABORDE)		
15 mai 1815. — Tocsin général....................		176
15 mai 1815. — Débarquement de Saint-Jean-de-Monts....................................	5/1	177
15 mai 1815. — Combat de l'Aiguillon	5/4	177
17 mai 1815. — Combat des Echaubroignes..........	1/4	177
21 mai 1815. — Combat d'Aizenay..................	5/2	177
24 mai 1815. — Evacuation de Cholet..............		178
(Général LAMARQUE)		
2 juin 1815. — Combat de Saint-Gilles.............	5/3	183
3 juin 1815. — Combat des Mattes.................	5/1	183
20 juin 1815. — Combat de Thouars................	4/3	184
20 juin 1815. — Bataille de La Roche-Servière.....	6/4	184
27 juin 1815. — Assemblée de La Tessoualle et Paix de Cholet..................................		185

CINQUIÈME VENDÉE
(mai-juin 1832)

	Références topographiques	Pages
11 mai 1832. — Débarquement de la duchesse de Berry		191
24 mai 1832. — Echauffourée d'Amaillou...........	17/3	192
4 juin 1832. — Prise d'armes......................		192
5 juin 1832. — Combat de Maisdon..................	1/3	192
5 juin 1832. — Combat du Chêne (4 km. E. Saint-Philbert-de-Bouaine)............................	6/4	193
6 juin 1832. — Combat de La Pénissière (6 km. S.-E. Clisson)..	1/3	193
6 juin 1832. — Combat de La Rouillère...........	1/3	193
11 juin 1832. — Combat du Fief-Sauvin............	1/2	193
12 juin 1832. — Combat de La Grande-Roche........	1/2	193
6 novembre 1832. — Prise de Madame............		193

LISTE NOMINATIVE DES GÉNÉRAUX
AYANT COMMANDÉ EN CHEF
PENDANT LA GUERRE DE VENDÉE

PREMIÈRE VENDÉE

ARMÉE DES COTES

A.-F.-A. de la Bourdonnaye (vicomte), 31 janvier 1793-27 mars 1793.

ARMÉE DES COTES DE LA ROCHELLE

J.-F. de Berruyer, 28 mars-28 avril 1793.
F. Leygonier, 28 avril-28 mai 1793 (par intérim).
A.-L. de Gontaut-Biron, duc de Lauzun, 28 mai-27 juillet 1793.
Jean Rossignol, 27 juillet-8 octobre 1793.

ARMÉE DES COTES DE BREST

J.-B.-C. de Canclaux (marquis), 28 mars 1793. — Suspendu le 29 septembre 1793.

ARMÉE DE L'OUEST

Jean Léchelle, 8 octobre 1793-31 octobre 1793.
Alexis Chalbos, 31 octobre 1793-13 novembre 1793 (par intérim).
Jean Rossignol, 13 novembre 1793-5 décembre 1793.
F.-S Marceau-Desgraviers, 5 décembre-26 décembre 1793.

SECONDE VENDÉE

ARMÉE DE L'OUEST

L.-M. Turreau de Garambouville, 26 décembre 1793-18 mai 1794.
L.-A. Vimeux, 18 mai 1794-26 août 1794.

Alexandre Dumas, 26 août 1794-23 octobre 1794.
J.-B.-C. de Canclaux, 23 octobre 1794-31 août 1795.
Lazare Hoche, 31 août 1795-28 décembre 1795.

ARMÉE DES COTES DE L'OCÉAN

Lazare Hoche, 20 décembre 1795-24 janvier 1797.

TROISIÈME VENDÉE

ARMÉE D'ANGLETERRE

C.-I.-F. Michaud, juillet-octobre 1799.
A. d'Hédouville, 22 octobre 1799-20 janvier 1800.

QUATRIÈME VENDÉE

De Bourbon (duc), 14 mars-26 mars 1815,
H.-F. Delaborde, mars 1815-21 mai 1815-
J.-M. Lamarque, 21 mai 1815-27 juin 1815.

CINQUIÈME VENDÉE

Dermoncourt (général) commandant la subdivision de la Loire-Inférieure de la 13e division militaire.

ANGERS, IMP. J. SIRAUDEAU. — 21-2513

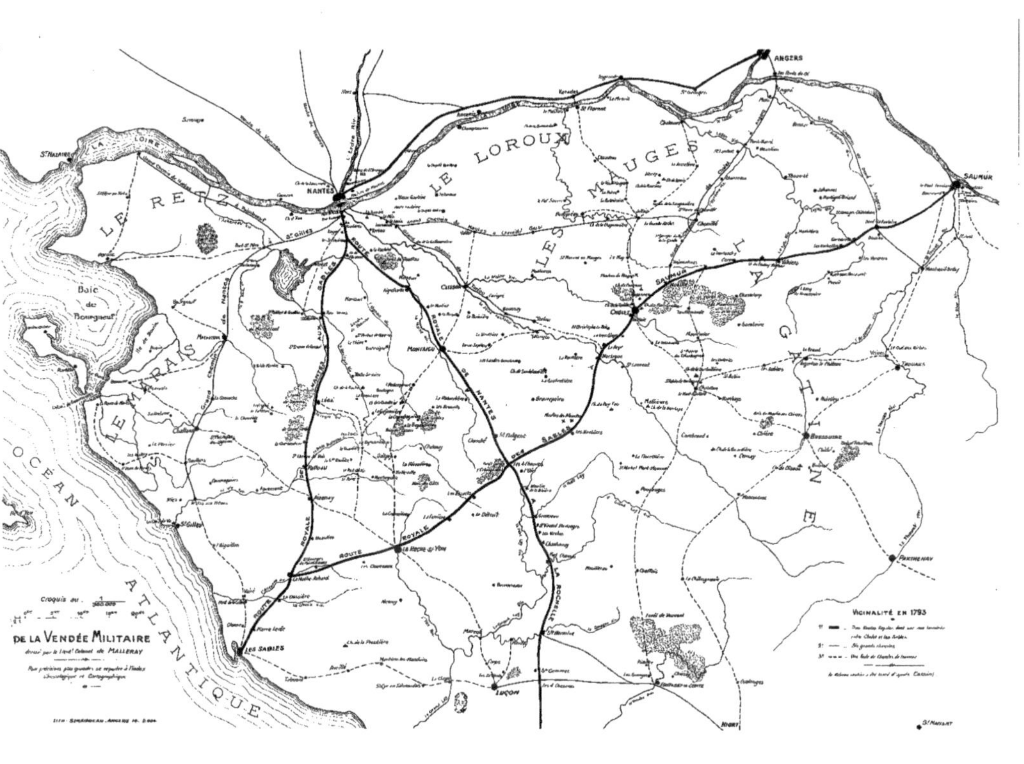

Croquis au $\frac{1}{500.000}$
DE LA VENDÉE MILITAIRE
MALLERAY
VICINALITÉ EN 1793
Cassini
OCÉAN ATLANTIQUE
Baie de Bourgneuf
LA LOIRE
St NAZAIRE
NANTES
ANGERS
SAUMUR
LE RETZ
LE LOROUX
LES MAUGES
LE MARAIS
LA GATINE
ROUTE ROYALE DE NANTES
ROUTE ROYALE
MONTAIGU
CHOLET
BRESSUIRE
PARTHENAY
St Gilles
LES SABLES
LUÇON
NIORT
St MAIXENT

www.ingramcontent.com/pod-product-compliance
Ingram Content Group UK Ltd.
Pitfield, Milton Keynes, MK11 3LW, UK
UKHW022012170726
13837UKWH00001B/143

9 782329 197890